KB260460

東學農民革命運動 研究

崔 己 性 著

東學農民革命運動研究

崔己性 著

서경

우리는 歷史가 시작하여 현재에 이르기까지 역사의 전개는 인간이라는 주체가 조직을 통하여 歷史를 만들었다고 보고 있다.

나는 많은 시간을 역사를 보아왔지만 아직도 역사가 무엇이라고 단정하여 말할 수 없을 것 같다.

인생이 살아가는 데 있어서 동물적인 생존이냐 또는 인간적으로 뜻을 세워 베풀고 보람된 삶을 살아 왔다고 할 때 우리는 다시 뒤돌아 보아 지난 과거를 돌이켜 보아야 할 것이다.

사람이 만나서 이루는 보람과 나누는 기쁜 뜻은 감정적인 인생보다도 사려가 깊은 지혜의 행동이어야 할 것이다.

학교사회의 테두리 안에서 덧없이 살아오다가 이제 정년이 되어 지난 날을 돌이켜 볼 때 아직도 미진한 점과 할 일이 많다고 느끼면서 단편적인 졸고를 수정하고 정리하였다.

오랜 세월을 東學이란 무엇이냐가 아니라 東學을 창도한 崔濟愚 자체보다도 왜 세웠고 그 영향이 어떠하였느냐를 해를 바뀌면서 생각해 왔었다.

그래서 東學이 어떻게 평가되고 어떻게 평가될 것인가를 볼 때 인간의 시대적 변천을 바라볼 수 있을 것이다.

첫 장에서는 西學의 전래와 박해에 대한 것으로 西進東漸이라는 西學에서 비롯하여 이를 연구하여 수용하는 과정에서 정치적 상황으로 탄압을 받으면서 새로운 사상으로 전개되거나 순교하였다.

둘째 장에서는 中國의 붕괴에 대한 위기의식과 天主敎에 대한 대응으로 天主의 하나님에 대한 것을 人間을 하나님에

대한 神格化하여 동양의 儒教, 佛教, 道教의 사상을 내용으로 하여 東學
이라 하였다.

東學의 포덕은 은둔하였으나 開港에 따른 天主教의 宗教自由는 東學
의 布教자유인 伸寃運動으로 되었다.

셋째 장에서는 탐관오리의 폭정에 대하여 동학교도들이 농민과 더불
어 일어난 봉기는 제폭구민였던 것이 탄압으로 輔國安民으로 나타났고,
日帝의 王宮침입사건은 斥倭洋唱義로 발전하여 韓國近代史의 새로운 장
을 이루게 되었다.

넷째 장에서는 古阜가 다른 고을보다 경제적으로 풍요하므로 행정하
는 데 관리들에게는 선망의 대상지역으로 선호하게 되어 이것이 폐정을
갖어오게 되었다. ·

다섯 장에서는 古阜가 郡으로써 位相을 재조명하여 古阜郡民의 자긍
심을 살폈다.

여섯 장에서는 東學農民革命運動과 淸·日戰爭에 대한 硏究를 논하였
고, 칠 장은 3·1運動과 5·4運動에 대하여 썼다.

이러한 내용으로 정리를 하여 보았다.

東學이 西學에 대하여 창도하였는데 사회의 혼란에 따른 백성에 귀의
를 위하였는데 동학혁명으로 외세를 불러들였고 이는 민족의 주권을 상
실하였다. 이에 동학의 후신인 天道教가 주축이 되어 민족의 자각운동인
3·1운동을 일으키는데 큰 역할을 하였다. 여기에서 역사성을 느끼게된
다.

그간에 단편적인 졸고를 쓸 때에 주변의 많은 도움을 받아 이루어졌고,
이것이 하나의 작은 책으로 만들어지기까지 도움을 많이 받았다.

아울러 이로써 감사의 뜻을 전하면서 잘못된 점을 지적해 주면 고맙겠
습니다.

目次

東學成立의 時代的 背景

1. 머리말

　朝鮮은 近代化되는 과정에 있어서 일본의 강요에 의해 타율적으로 門戶가 開放되었다. 中國에 대하여 事大的이고 宗主國에 속하였던 朝鮮은 中國이 西勢에 의하여 잠식되고 붕괴되므로 위기의식을 갖게 되었고, 勢道政治가 계속되므로 더욱 三政이 紊亂해지고 사회는 혼란해지고 백성들은 방황속에서 새로운 구원의 길을 갈망하게 되었다.

　壬辰倭亂을 통하여 天主敎가 전해지고[1] 中國에 가서 西學 즉 西洋科學과 天主敎에 대한 것을 알게 되었다.[2]

　이는 실학사상의 근원이 되어서 天主敎를 믿는 교인이 늘어가고 백성은 西勢에 대한 불안과 유교체제의 폐단에 실증을 갖게 되었다.

　이는 開化運動에 대한 衛正斥邪의 대립양상으로 변천되면서 더욱 사회는 혼란할 때 東學이 나타나게 되었는 데 西學에 대하여 東方의 學이라고 하면서 東洋의 道德的 宗敎이며 질병구제를 목표로 한다고 하였다.[3]

東學成立의 요인을 西學의 전래와 三政紊亂의 실상을 보고 天主教 살핌으로써 東學成立의 요인을 西學의 전래와 三政紊亂관계를 고찰하므로써 封建制와 近代化의 분수령을 이루었던 東學이 農民革命으로 변천하게 된 것까지 밝히게 될 것이다.

2. 西學의 傳來와 邪獄

가. 西學의 傳來와 中國의 변화

西學이란 天主教와 西洋科學論을 말하는 데 天主教, 카톨릭을 이르는 말이 되었다. 朝鮮의 天主教 전래는 壬辰倭亂 때에 豊臣秀吉이 天主教박해의 한가지로 교인을 붙잡아 편성한 小西行長軍隊의 일부인 18,000여 명 출정됨에 포르투갈 신부 세스페데스가 從軍神父로 熊川에서 약 반년간 머무르며 天主教교리에 따른 日本軍의 횡폭한 행위를 못하게 하는 강론을 펴면서 또한 전쟁고아들을 구제하게 되므로 일부의 교인이 생기게 되었다.[4]

明國에는 예수회 신부인 伊大利人 마테오릿치(Matteo Ricci 利瑪竇)가 1581년 廣東으로 들어와서 1595년 南京에서 전교하고 1600년 北京에 들어와서 天主實義 등 17종의 서양학술서적을 출판하고 전교하였다.

朝鮮使臣들은 매년 4, 5차례씩 北京에 왕래하면서 이런 서적들을 가져오게 되었다. 그 이후 天主教가 들어온 것은 1610년 北京에 陳奏副使로간 許均이 천주교의 근본 경문인 十二端을 얻어와서 배우고 암송하였다.[4-1]

이 天主實義가 소개된 것은 1633년 芝峰類說에서 利瑪竇가 저술한 天主實義가 두 권이 있는데, 첫머리에 天主가 天地를 창조하고 편안히 기르는 道를 주제로 한다고 하였고, 다음은 영혼불멸과 육도윤회설의 잘못과 천당, 지옥, 선악의 인과응보를 변론하고 끝으로 인성은 선하며 天主를 존경해 받드는 뜻을 논한다고 하였다.[4-2]

그후 獨逸人神父 아담 샬 (Adam Schall 湯若望)은 눈부신 전교활동으로 皇宮에까지 전교하여 황실관계의 200여 명이 세례를 받게 되었는데 丙子胡亂으로 昭顯世子가 볼모가 되었다가 北京으로 옮겨서 아담 샬을 사귀게 되었다.

昭顯世子는 1644년 귀국할 때 많은 천주교 서적과 교인 明國의 궁녀, 시녀를 받아오게 되었다. 그러나 3개월 후에 죽음으로 서적은 소각되고 明國교인은 추방되었다.

西學은 조정의 鎖國政策에도 불구하고 계급차별을 타파하고 형식적인 性理學을 비판하는 새로운 학문과 天主敎로서 전파되었다.

西學의 학문을 연구한자는 南人系에 속하는 李瀷부터인데 肅宗때부터 朋党의 격렬한 싸움으로 庚申大黜陟때에 그의 부친 大司憲 李夏眞이 파직되어 雲山유배지에서 태어나서 몰락한 가정으로 廣州에서 거주하면서 과거를 통한 벼슬보다도 학문에 정진하며 漢譯西學書의 20여 종의 書目에는 科學類인 曆算書, 天文團, 地理地圖, 機器書, 水利書와 종교, 倫理類에는 天主實義, 七克, 主到郡徵 등의 西學을 연구하였다.

그의 弟子인 安鼎福은 학문적으로 연구하면서 西學이라고 불렸다. 安鼎福은 天主敎에 대한 자신의 비판적 입장을 체계적으로 정리하여 實學考와 實學問答을 냈다.

그의 반천주사상은 天主敎의 내세관이 지닌 현실부정에 대한 비판이며 이는 현실세계의 명분론적인 위계질서를 강력하게 옹호하는 修己治人의 性理學의 실학으로 논리적 귀결로 되어 갔다.

그러나 李瀷의 門下에 있던 李家煥, 權日身, 丁若銓 등은 南人學者들로서 天主敎人으로 사옥을 당하는 비운을 맞이했다. 安鼎福의 사위로 權日身은 天主敎徒이고 그의 형은 權哲身이었다.

丁若鏞은 西學을 연구한 것은 科學的 機器의 운영에 있다고 소명한 正祖에 올린 自辟文이란 「天文曆象之說」 「農政水利之器」 「測量推驗法」에 이끌렸기 때문이라고 하였으며[5] 그는 水原城축조공사를 맡았을 때 역학기술서인 「奇器圖說」을 연구하여 起重架圖說을 작성하여 滑車와 鼓輪을 이용하여서 막대한 노동력을 줄여서 錢四萬椿을 절감하였다.[6]

이와같이 西學은 학문으로서 科學 또는 工學으로 연구의 대상이 되는 반면에 天主敎를 전도하여 많은 사옥을 당하였다.

天主敎가 국민간에 퍼져가자 肅宗 12년(1686)에 외국인을 내쫓자고 하였고, 영조34년(1758)에는 天主者가 黃海道와 江原道에서 성행하여 사당을 없애는 일이 있으니 이를 엄금하자는 논의들을 한 바가 있었다.

李瀷의 학풍을 받은 丁若鏞 형제와 權日身, 李德福 등은 正祖元年(1777)에 廣州의 鶯子山 走魚寺 天眞庵에 모여 天主敎 敎理硏究會를 열고 信仰운동을 일으켰다.

또한 正祖七年(1783)에는 李承薰을 冬至使便에 끼어서 北京에 들어가서 그라몽신부에게서 세례를 받고 베드로라는 교명으로 성서를 얻어서 돌아와서 동지들에게 세례를 주고 明洞 중인 역관인 金範禹의 집을 교회당으로 하여 수십명이 모여서 예배를 보고 李蘗, 權日身을 신부로 뽑았다.

西洋의 神父없이 敎會와 神父를 갖추고 예배를 보았으나 발각되어 中人인 金範禹는 잡혀죽었으며 그 후에도 正祖15년(1791)에 全羅道 珍山에서 毀祠廢祀하였다고 尹持忠과 權尙然이 사형을 당하였다.

天主敎의 급속한 전파는 내부적인 사회여건과 외부적인 中國의 변화에도 큰 영향이 있다고 하겠다. 肅宗 46년(1720) 告訃兼泰請使 李頤命이 南天主堂을 수차 방문하여 蘇霖과 天文·歷象을 논하였고,[7] 또한 燕京을 방문한 洪大容은 서양인들이 주관하는 欽天監관장하의 觀象監과 더불어 東·南天主堂을 방문하였고[8] 朴趾源도 正祖4년(1780)에 마테오리치 분묘와 南天主堂을 방문하였다.[9]

이들이 공식업무외에 天主堂을 방문하였던 것은 호기심과 아울러 선교사들은 즐거이 맞이하고 그림, 조각 등 신기한 기물들을 보여주고 신기한 물품을 나누어주니 선물을 바라고 구경을 즐기려 해마다 반복되었던 것이다.

北京을 방문한자들은 天主敎와 西洋科學機器에 대한 관심이 학문으로 연구되고 종교로써 전래되었다.

西洋은 종교적으로 中國에 전파되었으므로 경제적 진출을 위한 통상을 요구하는 외교적 접촉이 있었다는 것은 사실은 일찍이 正祖17년에 사신을 갔던 憲書賚資官 洪宅福이 英國使節이 淸國에 進貢한 사실을 보고하였으며[10] 正祖19년에는 回還冬至書狀官 沈興永의 별단에서 和蘭이 淸國에 來貢하였음을 보고하였다.[11]

이렇게 中國의 변화는 朝廷에서 관심의 대상이었다.

淸國이 西洋의 무역에 있어서 阿片이 밀거래로 무역역조와 邪敎로 문제가 야기되어 湖廣總督 林則徐가 아편을 단속토록 조치한 사실을 阿片戰爭 개전 4개월전에 回還 書狀官 李正履과 首譯 金相淳의 聞見別單에 의해 알려졌으며[12] 또한 阿片戰爭 돌발후의 전황과 廣東, 香港이 점령되고 전화가 浙江, 福建省으로 파급되고 있다는 聞見別單을 回還 冬至使行 書狀官 韓必履과 首譯 吳繼淳에 의하여 보고되자 조정은 우

려를 자아내게 되었다.[13]

南京條約으로 阿片戰爭이 종식되고 개항하게 되었으며 香港을 영국에 할양하게 된 사실도 使行員들에 의해 알려졌던 것이다.[14]

中國내에서는 西洋이 아편전쟁을 일으키자 洪秀全이 長髮을 늘어뜨리고 蒙古를 멸하고 漢民族을 세우자고 太平天國을 꿈꾸는 戰亂이 南京을 거점으로 휩쓸고 있다고 보게 되었으며,[15] 또한 Arrow船事件으로 天津이 공격당하고 咸豊帝가 熱河로 피난하였다는 사실이 급보되자 漢陽의 민심이 일시 동요하여 낙향자가 발생하는 사태까지 일어났다.[16]

西洋은 東方과 교역하고자 많은 異樣船이 나타나서 정박하며 무역을 원하였으나 지방의 관리는 西洋에 대한 두려움과 國法으로 외국 선박과 거래를 금하고 있었다. 外船이 너무 많이 나타나므로 조정에서는 內修外攘으로 保民하는 것이 급선무라고까지 하였다.[17]

이와같이 연해에 외국선박이 자주 출현하므로 중국에만 事大的 外交관계에 있던 朝鮮으로서는 中國에 의존만 한다는 것은 地政學的 입장에서 西勢東漸에 의한 피해가 朝鮮에까지 미칠 것을 걱정하면서 西洋침입의 피해만·걱정하였다.

中國의 西洋침입으로 邪敎가 인심을 함익시키고 아편은 신체에 독을 미쳐 고칠 수 없고 가산을 탕진한다고 두려워했다.[18]

慕華國인 中國은 西洋人에 무참히 분쇄되었지만 국제정세와 중국의 소식을 鎖國인 조선으로써는 중국을 통할 수밖에 없으므로 冬至使 申錫愚를 파견하여 중국정세를 탐지하도록 파견하였고[19] 이들이 돌아와 보고하기를 불안한 北京출입 경위와 조약체결 상황과 南쪽의 토비들의 정세를 말했다.[20]

그러나 오랜 事大主義의 정통을 깰 수는 없으나 큰 자극과 동요를 받았다.

皇帝가 아직 北京에 돌아오지 않았다고 해서 熱河에 問安使를 파견하였는 데[21] 이들이 6月에 돌아와서 事大의 예절로써 방문한데에 대하여 우대와 칭찬을 받고 돌아왔다고 하였다.[22]

이러한 중국상황으로 국내에서는 인심이 흉흉하고 동요하여 낙향하는 者가 많으므로 王은 근심이 되어 민심진압 방법을 묻기도 하였다.[23]

백성들은 앞으로 西洋이 밀어닥칠 일에 대하여 각자는 무엇인가를 세워서 십자가를 목에 걸어서 위기를 면하고자 天主를 믿기도 하고 산속으로 피난을 가거나 백성들은 동요하면서 무엇에게든 구원을 얻으려고 하였다.

즉 중국에 事大를 통하여 의존할 수가 없다고 생각하게 된 것이다.

나. 天主教人의 邪獄

조정에서는 天主教를 엄금하였으나 廢祀廢祭의 辛亥珍山事件으로 인한 殉教人인 발생은 교인들이 외국인 신부를 요청하여 正祖18년(1795)에 中國人 周文謨神父가 서울에 들어온 후로 4,000여 명의 신도가 있었고 이 소식이 관아에 의해 崔仁吉은 잡혀 죽고 正祖末年(1800)까지 교세가 날로 발전하여 일만명에 이르렀다.

이렇게 교세의 확장은 正祖가 학문을 좋아하고 인자하고 蕩平策을 쓰고 南人學者들을 등용하며 南人時派인 領議政蔡濟恭이 있었기 때문이다.

1) 辛酉大邪獄

正祖가 급사하고 純祖가 등극하자 西人僻派인 金大妃가 궁중의 최고

친권자가로써 수렴청정을 하게 되자 동생 金龜柱가 유배지에서 죽은 것에 대한 정치적 보복으로 天主敎人 崔必恭을 잡아가두고 李家煥, 丁若種, 權哲身, 李承薰, 黃嗣永을 반역죄로 몰아 사형에 처하고 周文謨神父는 국경까지 탈출하였다가 교도와 운명을 같이 할 결심으로 포도청에 자수하여 효수되었다.

조정에서 討邪敎文을 전국에 배포하고 五家作統法을 써서 천주교인을 잡아죽이니 이때에 죽은 자가 300여 명에 이르렀다. 이를 辛酉大邪獄이라고 한다.

그 이후 純祖2년(1802)에 金祖淳이 時派로 勢道를 잡자 박해하지 못하였으나 純祖15년(1815)에는 慶尙道에서 300여 명이 잡혔으며 수십명이 사형되고 27년에는 全羅道에서는 240여 명이 잡혀서 7, 8명이 사형되었다.

丁若鍾의 아들 夏祥이 北京主敎에 신부파견을 요청하고 서한을 로마교황은 파리 外邦傳敎會에 대하여 朝鮮 지구의 교회사업을 담당하도록 하여 1831년 9월에 로마교황으로 朝鮮교회를 北京교구로부터 독립교구로 설정되었다.

이로써 淸國으로부터 자립교구로 전교하게 되었으나 神父가 없는 30여 년 공백상태에서 1833년에 中國人 神父 劉方濟가 입국하였다.

1836년 모방신부가 입국하고 샤스땅 신부, 엥베르 신부는 2大主敎로 신부에 교인이 9천명에 이르렀고 1837년에 마카오에 3명의 소년을 보내어 10년 후 金大建, 崔良業이 神父가 되어 돌아왔다.

2) 乙亥邪獄

憲宗때 趙萬永에 의해 세도정치가 벌어질 때 서양신부가 입국했다는

소문으로 憲宗5년(1839)에 范主教 등 3명과 200여 명의 教人이 殉教당
하였다.

斥邪論晉을 전국에 돌려 10년간 철저히 천주교인을 박해하였다.

3) 丙寅邪獄

丙寅邪獄은 러시아는 남하정책에 의하여 不凍港 블라디보스크를 개
설하고 高宗元年 2月에 5명이 慶興에 와서 통상을 요구하는 편지를 전
달하므로 尹峽은 거절하고 監司를 거쳐 조정에 알렸다.

高宗2年 9월에 수명이 강을 건너와 국서를 가져 왔으나 입국하지 못
하게 하였고 동년 11월에 다시 3인이 넘어왔고 수일 후 기마한 사람을
앞세우고 7인이 監司를 만나자고 압박하였다.

그러나 90일 이내 回答하기로 약속하였다.

이러한 러시아의 남하정책으로 통상을 요구하게 되자 大院君은 1년
전부터 大臣을 통하여 佛國신부들에게 도움을 빌려 러시아의 침범을
막아보고자 교인 金勉鎬, 洪鳳周, 南鍾三, 李 안도니오 등의 권유로 주
교를 만나고자 하였다.

그러나 러시아인이 잠잠하고 주교는 지방에 내려갔다고 연락이 안
된다고 하므로 大院君은 이 일의 필요성이 없게 되자 천주교를 박해하
기 시작하였다.

大院君은 그의 下人 李連植이 교인인 것을 알고 또한 金勉洁을 효수
하고 계속해서 교인들을 잡아들이게 하였다.

洪鳳周의 뒤를 미행시켜 베르누 張敬一主教를 잡아들인 것이 丙寅邪
獄의 시작이었다.

1866~78년간 잡힌 교인이 男300, 女107 계407인에 옥사한 교인이 96

명이나 되었다.[24)]

이때에 교도를 수색하여 잡아죽이니 그 수가 1만여 명이라고 하고 있다.[25)]

4) 丙寅洋擾로 인한 박해

佛國함대의 江華島 침입사건 때에 천주교인의 안내로 전쟁이 발발하였다고 大院君은 특명으로 先斬後啓하라고 격식하므로 많은 교인이 처형되어 右左捕盜廳謄錄에 수록된 교인의 수가 1백여 명이 처형되었다고 한다.

5) 盜掘事件으로 인한 邪獄

獨逸人 Oppert가 두차례 통상을 요구한 일이 있는 데 1868년 세 번째 입국하여서는 大院君 부친 南延君의 무덤을 도굴하는 만행을 저질렀던 일로 조상숭배의 전통적 윤리를 무시한 것으로 통상거부와 서양인 배척기운이 고조되어서 1868년 1월부터 69년 4월까지 1년 4개월 동안에 효수 3인, 참령 45인, 물고 15인, 미상인 10여 명, 석방 15명 등 90여 명의 교인이 박해되고, 그 이후에도 효수 15인, 참수 5인, 물고 51인, 유배2인, 방송 5인, 미상인 100인 등 170여 명 등 계260여 명이 박해당하였다.[26)]

이 사건은 淸國에 도망한 페롱신부의 제안에 의하여 大院君과 타협을 위한 오페르트 사건으로 일어난 것이다.

6) 辛未洋擾에 의한 邪獄

美國은 상선 제너널서어먼호 사건에 대한 조사로 아시아 함대 5척의

군함이 침공한 사건이 辛未洋擾로 斥和碑을 세우고 敎人에 대한 박해
가 가해져 효수 9명, 참수 3명, 교수 1명 외에 30여 명이 악형과 기아로
옥사한 것 등 42여 명이 박해당하였다.

이 모두는 천주교인에 대하여 역적으로 몰거나 국가에 대한 배반자,
외국인과의 화친자라는 죄목으로 집단 처형되거나 옥사하였고 또한 재
산을 몰수당하므로 아사자가 속출하였다.

大院君집권후 1만인이 처형되었고 교인수 2만3천명으로 나머지 절반
이상이 피난 중에 굶주림과 추위로 생명을 잃었다고 보고 있다.

이러한 조정의 박해에 백성은 천주교에 대하여 거부하거나 새로운
활로를 모색하게 되었다. 즉 西學에 대하여 거부반응을 일으키게 되어
새로운 東學에 관심을 갖게 되었던 것이다.

3. 官制와 官僚의 紊亂

朝鮮王朝의 정치체계는 어디까지는 왕을 중심으로 한 전제정권이였
는데, 勢道政治로 인하여 양반지배 체제의 붕괴와 양반계층의 위축을
가져왔으며, 긴박하게 세력을 확보하고자 정권유지에 급급하게 되었고,
또한 권좌에서 물러난 뒤에 일을 생각하여 영화로운 부를 누리고자 경
제적 재화의 확보에 자연적으로 몰두하게 되었다.

여기에 官吏는 賣官, 賣職의 貧官汚吏로 관료는 기강이 무너지게 되
었다.

이로서 王을 둘러싼 소수의 양반관리에 의해서 정권이 장악되고 백
성과는 유리되고 자신의 부귀영화를 위하여는 백성을 착취하고 학대를
하게 되었다.

이와 같은 실례를 들어보면은

가. 科擧의 紊亂

政治體系는 儒敎倫理에 立脚하여 兩班의 선비에 의한 官僚로써 백성을 지배함으로써 성립되었기 때문에 科擧制度에 의하여 좌우될 수가 있었다.

그리하여 유생들은 오로지 經學을 통하여 修身하고 濟家하여 治國할 뜻을 두어 登龍할 門이 科擧이기 때문에 선망의 대상으로 立身揚名의 機會가 되는 것인데, 增加하는 兩班儒生으로 限定된 職種에 대하여 경합이 심하게 되었고 이로써 公正性과 機會의 均等을 부여치 못하여 兩班間의 對立은 불가피하게 되고 分裂은 심하여져 갔다.

科擧의 紊亂을 黃玹은 梅泉野錄에서 國朝의 中葉以後 大科取士에 그 目이 甚繁하였고, 특히 純祖, 憲宗 이후로는 權戚이 집권하므로 公正하게 施行치 못했고 英祖朝末부터는 廣愛의 恩寵을 베풀어 通方外라고 生員, 進士에 制限하지 않게 되자 道袍와 儒巾만 착용하면 모두 士子가 되게 마련이어서 朝綱이 紊亂하고 科擧가 解弛해져서 科場이 街市를 이루어 亂雜함이 極하므로 高才博學者가 不應試하게 되는 것이었다.[27]

또한 科擧場에 作亂罪人이나 濫入罪人이 摘發되어 水軍에 充足된 事例 등[28] 이 있어 科擧制度의 紊亂相을 如實이 말해주고 있는 것으로 당시에 부당한 방법으로 응시하여 摘發이 안된 것도 많다는 것을 알 수가 있겠다.

이와 같이 科擧의 及弟를 문란하게 한 儒士가 官吏가 되어 백성을 統治하는 것은 백성을 보살피기 위한 것보다도 자신의 富貴榮達을 위하여 괴롭히는 결과가 될 것이다.

나. 賣官賣職

또한 貪官汚吏의 橫行을 보면 哲宗 말년에 三南, 京畿, 19邑의 上納이 愆滯된 것 때문에 名該 身命의 罷黜拿勘을 論하면서도 그것이 다 守令의 不權과 吏胥와 幻弄으로 말미암은 것이라고 하였다.[29]

高宗 1년 咸鏡道 利原의 張世洽의 軍威, 丹城 양읍의 蕩穀給代로 3만냥을 내므로 六品의 品階를 주고 守令의 자리를 기다려 차송하도록 하였고[30] 湖南均田使로서 규탄을 받았던 金昌錫은 수십만냥을 진봉하여 승지까지 이르렀고[31] 이러한 관리들의 부패는 주한 일본 외교관의 기록에 의하면 高宗 3年의 시세로 監司는 2만냥에서 5만냥이고 府使級은 2, 3천냥에서 4, 5천냥, 郡守, 縣令은 1천냥 내지 2천냥에 매관된다고 하였다.[32]

이러한 매관매직을 과거의 문란으로 관리의 부정을 자행하여 민심이 이반되어 갔던 것이다.

다. 三政의 紊亂

七年間에 걸친 壬辰·丁酉戰亂으로 국토는 황폐하고 국고는 궁핍한데 농경지가 줄고 소출이 줄어들게 되므로 田租가 감소함으로 貢物의 徵收量이 늘려가게 되어 戰時의 經費인 三手米 등을 임시로 각출하다가 고정된 세금으로 되어 갔으나 부족한 재정에 대한 대책으로 18세기 중엽에 大同法이 실시되어 課稅의 중점을 토지에 두게 되니 地稅가 증가하게 되는 것은 필연적이다.

肅宗시에 雜賦가 얼마인가를 보면은 雜物 二十余種이라고[33] 하였고, 一結에 대한 規定된 內譯에 田稅는 大同法, 三手米 등 기타 잡부제 총액을 보면 大同稅가 米十二斗, 稅斗 其他雜費 二斗, 雉鷄 三斗, 紫草 炭

炬 一斗로 總計 一結당 一年에 米二十四斗라고 하여 過多하지 않은 稅
라고 하였다.[34]

그런데 國家稅收의 不足이 每年 繼續하게 된 이유는 國家定規의 稅
額은 하나의 名目에 不過한 것이고 朝廷의 財政의 匱竭은 百官의 領祿
과 軍兵의 散料支給이 不可能하게 되니 中間挾雜弄奸으로 陰性收入의
機會가 주어짐으로 백성은 궁핍하게 되고 국가의 稅額은 虛構化하게
되었는 데[35] 이러한 것을 李瀷은 群僚胥徒의 法外加斂의 原因을 俸祿太
簿에 있다고 하였다.[36]

또한 丁若鏞도 牧民心書에서 士大夫의 봉급이 박하고 가정살림이 빈
약한 것은 養兵으로 인하여 貧風이 日甚一日로 擴大되어 갔다[37]고 하였
다. 이렇게 되므로써 戶曹經費가 不足하여 領祿放料의 期에 이를 지급
할 수 없게 되어 宣惠廳別置米 二千石을 領祿의 資金에 充當게한 事實
까지 있었다.[38]

이와 같이 지배계층이 동요되므로 백성은 자신의 이익을 위하여 갈
팡질팡하게 되는 것은 당연하였다.

백성과 직접 관련된 田稅, 軍役, 還穀의 三政에 대하여 살펴보겠다.

1) 田政의 紊亂

田政은 田稅를 주로 한 토지 租稅제도로 국가財政의 주가 되는 稅制
이기 때문에 조정이나 백성의 가장 큰 관심이 되었던 것이다.

朝鮮朝는 高麗로부터 王朝交替를 위하여 公私田籍을 소각하여 田制
를 개혁하여 科田法을 실시하였으나 世宗朝에는 田制詳定所를 설치하
여 경작지의 측량과 등급사정 및 토지대장을 작성하여 徵稅率을 田分
六等으로 量田尺을 정하고 年分九等으로 田一結에 上의 上이 稅 20斗,

下의下 4斗로 하였다.[39]

그후에 백년간 변동이 없었으나 壬辰倭亂으로 戰亂이 계속되어 國庫가 고갈되고 전답이 황폐화하고 민생이 궁핍하게 되어 갔으나 조정에서는 田稅의 過重論이 대두되어 仁祖朝에 永定課率法을 채택하였고 또한 年分法을 개혁하여 三南地方은 上의下로 每1結에 米16斗, 全羅, 忠淸, 慶尙道는 中의 下率로 10斗米를 부과하고 江原, 黃海, 濟州는 1結에 米2斗를 부과했다가 顯宗때에 三南에는 등급에 약간의 수정을 하였다가 英祖때에 재차 수정하였는 데 척박한 平安, 咸鏡兩道를 제외하고 기타 각 道의 세율을 畓에는 每은1結에 米四斗로 하고 田은 每1結에 黃豆4斗로써 定額課率을 썼다.[40] 이러한 租稅이외에 三手米(砲, 殺, 射手)라는 戰時 特別稅를 신설하고, 畓田1結에 畓은 米로, 田은 雜穀으로 2斗2升으로 하였다. 이것이 고정되어 田稅의 일종으로 부과하였고, 또한 宣祖41年에 大同法을 실시하였는 데, 宮房, 官衙에 貢納制度의 중간 협잡같은 폐단을 없애고 대신하여 실시한 것으로 宣惠廳을 두어 수납사무를 담당한다는 것이다.

光海朝 초기에는 田1結에 대하여 1년에 16斗인 것을 春과 秋에 각 8斗씩을 부과하되 京畿道에만 국한되었다. 그후에 肅宗때에는 平安道, 咸鏡道를 제외하고는 전국에 걸쳐 1結에 12斗로 하였다.

田結에 대한 대장과 과세, 징수를 작성시 吏胥가 농간하여 협작, 위조하여 농민의 소득을 횡령착복하는 사례를 살펴보면은

① 陳結 : 廢荒田을 起田하여 3年間 免稅되는 田을 말하는 데 常耕田으로 하여 징세하여 착복하였고,
② 隱結 : 耕田을 災田·陳田으로 하여 受賂나 횡령하고
③ 白徵 : 白地에 徵稅하는 것.

④ 虛結 : 田結이 없는 데 허위로 結負를 문서로만 작성하여 농민에게 징
수
⑤ 都結 : 公金을 횡령한 후 이를 보충하기 위해 부락에 徵稅都錄을 배부
시 田結세율을 정액이상으로 기입하여 징수하는 것.
⑥ 災薄의 作奸 : 災難으로 減色케 하는 것을 정상 田을 災薄에 올려 受賂
着服하는 것[41] 등이다.

이외에도 稅米를 수납하는 과정에서 稅穀의 소모와 중간 잡비 등을
명목으로 각종의 부과세를 징수하였던 것인데 그 작폐를 살펴보면은

① 加升米 : 缺損을 보충하기 위한 구실로 매 石當 3升씩 징수
② 斛上米 : 鼠害와 腐蝕 등의 구실로 매 石當 3升씩 징수매 석당
③ 倉役價 : 사무를 하는 보수 石當 6升씩 징수
④ 作紙 : 納稅의 용지대로 戶曹作紙가 稅米60石, 郡에 米5石, 倉庫에는
2석.
⑤ 貢人役價 : 貢主人에 보수로 매 石當 1升씩 징수함.
⑥ 二價 : 榮賃條로 매 石當 3升 징수.
⑦ 船價 : 漕運船의 운임 石當 3升씩 징수.
⑧ 人情米 : 담당관원에 대한 위로비조로 石當 2升씩 징수함.

이상에서 보면 稅米를 납부한데 稅米외에 個人이 부담하는 것이 石
當 21升이상을 내어야만 했다.
이외에도 수시로 징수하는 것이

① 進上價米　　② 雉鷄紫炭價米　　③ 雉鷄色落米　　④ 營主人役價米
⑤ 看色米　　⑥ 打石米 등을 징수하였다.[41-1]

위와 같이 개인은 규정된 田稅외에 부가적인 稅收外에 米를 내었고 못낸 농민이 유랑함에 따라 隣徵이나 洞徵하는 폐해가 생겼으며, 田稅는 그 책정과 수납과정에서 邑徵에서 불법적인 稅目이 많았지만, 大同米의 預徵과 濫索 位太의 高價執錢, 京·營邸吏 役價 책정이 과다하였으며 央田稅의 太牛鬼錄 漁鹽船稅의 强牛白徵, 公鹽倉의 부정취득 등 作奸이 이루 말할 수 없이 많았다.[42]

위와같이 田稅와 稅納의 과정에서 농민들은 많은 피해를 보아야만할 실정에서 불만이 가득하게 되었다.

2) 軍政의 紊亂

軍政은 軍役을 의미하는 데, 兵(身)役에 대한 기록인 國籍과 軍役에 代身하는 軍布(綿布)의 納入을 관장하는 행정을 말하는 것이다.

朝鮮初에는 兵亂이 없어 五衛制를 실시하다가 壬倭, 丙胡亂을 걸치는 동안에 五營軍門으로 변하였다.

戰亂속에서 많은 軍兵이 필요하게 되었고 軍備策을 강구하게 되었다.

兵役制度는 國民皆兵制에 의해 兩班을 제외한 16~60세까지 평민에게 병역의무가 부여되었으며 6년마다 軍籍薄에 기재하도록 하였다.

이중에서 현역으로 책정된 자는 軍門에 入營하는 데 正軍·番上軍이라고 하여 그들의 가족의 생계를 위해 농지경작을 도와주기 위하여 비현역인 壯丁을 保人이라 하는 데, 中宗때에 保人制를 保布制로 하여 保人에 布2匹씩을 부과토록 하여 이를 軍費로 충당케하는 兵役稅인데 후에는 正軍이 감원, 휴가 등으로 番上을 하지 않는 대신에 代役費로 布2匹을 받치면 身役을 면하도록 하여 軍布·番布라고 하였다.

軍布를 징수하는 목적은 壬倭·丙胡兩亂을 겪는 동안 방위에 병력소요의 충당과 국가재정의 궁핍한 세수원이 되도록 하는 데 있었다.

英祖때에 均役法의 제정으로 軍籍收布의 세율은 반감되어 1인당 포2필을 1匹로 정하는 동시에 그 부족액은 漁鹽稅, 隱餘結과 일반 田結에 부과키로 하고 새로 설치한 均役廳에 징수하도록 하였다.

軍籍收布를 위한 布·米穀·金納 등의 환산율을 보면 布1匹에 米는 6斗, 栗은 8斗, 大豆는 12斗요, 錢은 2兩의 비율이였다.

그런데 이와같이 軍役이 納布·米·錢으로 되면서 官吏의 부정이 있게 되었다.

肅宗때에 30만명이던 것이 英祖때 均役法을 시행할 때에 50만명으로 軍籍에 登錄되어 있는 데[43] 이를보면 軍布의 징수를 위하여 강요와 불법으로 軍籍에 올린 것을 알 수 있겠다.

正祖朝 이후로 전국의 軍丁數를 보면 京營이 25萬人에 開城과 江華가 6萬여인 각 道의 監營과 鎭營이 71만여 인으로 총계 100여 만이었는데 그 실은 현역에 복무중인 軍丁數는 京營 5천명이고, 각 도의 鎭營이 2만여 명에 불과하였다.[44]

이로 볼 때 均役法으로 과세율은 반감시켰으나 허위로 軍籍과 稅籍에 등재시켜 수를 배로 증가시키고 세월이 경과할수록 현역 복무자의 수는 줄어들어 실제의 병력이나 군사비는 명목상으로 남겨 놓았을 뿐 막대한 軍役 稅人은 公私의 다른 경비로 收奪하여 流用한 것으로 보아야 할 것이다.

軍役의 등록과 정리면에서 백성의 피해를 보면은

① 族譜나 職牒을 매입하여 簽丁을 면제하고,
② 黃口乳兒를 軍籍에 등재시켜 稅布와 稅米를 강제로 징수하고,
③ 3父子입대시에 父를 면제해 주어야 하는 6∼7父子를 簽丁徵布하고,
④ 1人重役을 금하는 데 別隊나 官役에 편입시켜 3∼4개의 役을 주어서
  무거운 부담을 강요하는 것이라고[45] 하였다.

軍籍에 편입된 백성과 軍丁에 대한 불법처우와 착취한 것을 보면은,

① 소집과 선발에서 兵科와 補職의 배치에서 협작을 하고,
② 免役者에 滯納을 구실로 자손에 白骨徵稅를 감행하고,
③ 도피자, 행방불명인자의 免役조치에도 隣徵; 洞徵으로 징수하였고,
④ 고령된 父의 免役에 義務年限이 미달인 경우에 일시불로 磨勘債라 하
  여 징수하였던 것이다. [46]

이러한 것은 당시에 관리들의 대민관계의 의식구조와 생존키 위하여
하였고, 또한 戶典 7등의 문란에서도 왔던 것인데 그것은 土豪의 倂戶,
奸細의 挾戶, 校院屬의 정수외 頉戶, 鄕作廳의 납뢰, 漏戶, 璿派나 勳裔
의 위칭 士大夫집에의 投託, 官屬各廳 稧房村으로서 隱避, 驛保와의 假
話, 墓村山直 등으로 편입하여 신분을 바꾸었다.[47]
이렇게 되므로 軍役을 면하기 위하여 많은 돈을 들여서 하므로 상대
적으로 軍役은 고되고 가혹하기 마련이어서 농민은 피폐하여 流亡逃散
까지 하기에 이르렀다.

3) 還穀의 紊亂

還政은 還穀·還上으로 糶糴이니 還子取耗로써 償還穀이라고 하는
데, 官有糧穀을 春窮期에 救恤補助 혹은 營農融資의 목적으로 농민들에

게 貸與하였다가 秋收후에 회수하는 것이다.

처음에는 無利子를 원칙으로 하여 사회정책으로 운영을 하던 것이 차차 取耗라 하여 利息을 붙이다가 관청이 營利事業으로 변모하고 말았다.

軍資倉은 軍人食糧의 비상대책을 위하여 양곡을 비축하는 것인데 평화시에 장기관 보관으로 인하여 雀鼠나 변질 등으로 감축되므로 매년 새곡식으로 대치해둘 필요가 있어 절반씩 春窮期에 농민에 대여하여 秋收期에 取耗하는 데 이로써 一擧兩得인데 대여기간 6~7개월에 1石堂에 1斗5升을 가산하여 징수하는 規定되어 있는 데,[48] 利子외에도 수수료와 雜賦까지 첨가되어 補助, 賑恤이란 虛名이 되어 고리융자에 관리의 협잡과 탐욕까지 조장시켜 주는 결과가 되었다.

常平倉은 物價調節과 生産資本의 대여에 있었으므로 양곡과 錢布를 儲蓄, 보유하였다가 필요한 시기에 출납, 매매함을 위주로 하였다.

穀價가 등귀하게 될 경우에는 買布하고 穀價가 廉賤할 경우에는 賣布하여 穀과 布間을 조절하였다.

뒤에 穀價가 등귀할 때 농민에게 양곡만 좀 더 대여해 주면 마찬가지 효과를 거둘 수 있다는 의미에서 貿布 또는 賣布를 포기하였다.

常平倉도 軍資倉이나 다름없이 양곡을 위주로 한 대출과 회수나 매매에 치중하여 取耗수탈하는 기관으로 변모해 버렸다.

還政의 피해는 그 법이 근본적으로 문란한데 起因한 것으로 八亂을 제시하였는데

① 출납양곡의 명목부터 문란함.
② 담당관청과 그 사무처리가 문란함을

③ 糧穀石數의 계산에도 문란하고,
④ 利息비율이 복잡하였고,
⑤ 配穀회수가 多煩하였고,
⑥ 저장곡의 分給과 留庫量이 문란하고,
⑦ 移輸交易이 謀利性이 문란하였고,
⑧ 흉년이나 大國慶時에 蕩減率이 문란하였다고[49] 하였다.

  還穀制度의 근간이 八亂으로 이미 부패하게 되니 守令은 翻弄하여 축재하고 吏胥, 衙前輩는 그들 나름대로 作奸謀利하게 되는 바 守令들이 犯科하는 수법으로 6개 조항을 지적하였는데

① 反作 : 貸與糧穀을 회수 혹은 頒配한 것처럼 하여 固定未收를 佢還와 債로 하여 농민이 우선 좋아하므로 臥還債라 하여 매 石當錢一兩씩 징수하여 분배하여 착복하였고
② 加分 : 在庫量의 절반은 頒給해야 하는 데 半分해 놓은 留庫量까지 첨가대출하여 이자를 나누어 먹었는데도 上濁下汚로 죄를 다스리지 못했고
③ 虛留 : 前官의 재고 양곡의 穀薄에 관계없이 現官이 贈受賂하고 서로 隱匿하여 덮어 두는 것이 상례였던 것이다.
④ 立本 : 年事의 豐·凶과 穀價의 市勢를 잘 살펴 錢과 穀간의 교역 행위로 중간이득을 횡령하여 착복하는 것이다.
⑤ 增估 : 保管된 在庫糧穀을 放出하여 作錢하게 될 때 지정 또는 공정가격도 下達되는 것이 상례인데 제 지방의 市勢를 살펴 상부의 지정가격보다 高價로 放賣하고 差額을 횡령하여 착복하는 것이다.
⑥ 加執 : 上司의 명령으로 양곡을 作錢하게 될 때 立本方式으로 原量이나 本錢만 세워 놓고 중간이익을 횡령하여 착복하는 것이다.[50]

다음은 위가 흐리니 아래도 맑을 수 없으니 吏胥의 작폐와 농간에 대하여 보면은 ① 反作 ② 立本 ③ 加執 ④ 暗留 ⑤ 半白 ⑥ 分石 ⑦ 執新 ⑧ 呑停 ⑨ 稅轉 ⑩ 徭合 ⑪ 私混 ⑫ 債勒 등이 있다[51] 하였다.

이와같이 兩班支配層과 中間의 中人인 衙前이 서로 협작하여 자기만을 본위로 收奪行爲는 확대되고 환곡의 利子는 급속히 증가하여 농민은 복리로 계산되는 환상에 눌러 더욱 어려운 지경에 놓이게 되었던 것이다.

4) 三政紊亂의 對策

三政의 紊亂中에서도 還政이 더욱 심하였는 데 여기에 대하여 농민이 피폐해진 것은 凶作때문이 아니라 官吏의 허물때문이요, 避民이 抱狀呼懇한 것은 糴穀의 幻弄으로 인하여 虐民하는 일들이 놀랄만하다고[52] 하였으며, 또한 債訟에는 良民이 많아서 家産을 지탱할 수 없고 僞標와舊債의 이자가 더욱 늘어 徵族償債하게 되었다고 하였다.[53]

哲宗도 오늘날 三政이 모두 병폐가 심하여 民生이 어렵게 되어 糴政이 백성에 대하여 切骨의 弊가 되어 있다고[54] 하였다.

이와같이 三政의 紊亂으로 晋州에서 民亂이 일어나자 그 원인이 三政에 있다고 보아서 三政捄弊의 방안을 검토하게 되었다.

이로써 釐整廳이 설치하게 되었는 데 1862年 2월에 慶尙道 晋州에서 民亂이 勃發하자 按覈使 朴珪壽를 현지에 특파하여 民亂의 原因究明과정에서 要因이 還餉의 弊인 三政紊亂이 있다고 하고 收拾을 위하여 一局을 設置하여 三政捄弊의 方案을 講究케 할 것을 建議하였다.[55]

이에 哲宗은 建議를 받아들여 民亂의 根本的인 三政紊亂을 해결하기 위해 廟堂에 명하여 別途로 一廳을 설치하고 여기에서 三政問題를 講究히야 釐革할 것은 釐革하고 矯整할 것은 矯整하라[56]고 하여 다음날 戶曹判書 宣惠廳堂上, 備邊司堂上이 備邊司에 會同하여 새로 設置할 局을 釐整廳으로 決定하고 王의 特命에 따라 時·原任大臣 鄭元容 등 4人을 總裁官으로 하고 場所는 觀象監으로 定하고 堂上 14人 郎方 2人 등으로 설치되었다.[57]

이와같이 釐整廳은 당시 備邊司에 버금갈 기구로써 當代의 實力者가 總綱羅되어 國家의 基本經濟政策인 三政問題를 根本的으로 改革할 重大한 기구로 任員은 人才中에서 선발하였음은 당연한 일이였다.

王命에 의하여 特設된 釐整廳은 準備段階를 거쳐 주어진 課題에 着手키 시작하였다.

哲宗은 文蔭堂上 堂下, 叅下, 生進幼學에게 三政求弊를 親策하였으며, 太學으로 하여금 收聚하여 稟하게 하며 釐整廳은 이 題目을 謄靑하여 八道와 四都에 下途하여 各各 그邑의 釐革할 것을 文書로 作成하여 올리면 邑에서 이를 收券後에 道守令이 都聚 上送토록 하였다.[58]

우선 民亂의 直接原因이 된 三政問題를 解決하기 위하여 우선 긴급 조치로서 弊害除去를 서두르지 않을 수 없으며 또 根本的 改革을 講究하지 않을 수 없게 되었다.

그 방편으로 三南地方에 特派한 暗行御史의 報告와 按覈使, 宣撫使 등의 建議를 土台로 하여 不正과 不法을 是正하는 응급대책으로 釐整廳에서 取한 것은 不法收奪은 勿論, 各營 各司의 校吏隸와 各宮屬의 加出各色을 刑汰하고, 또한 各地方의 校院, 墓村, 官屬, 楔坊의 璿派冒稱者 및 勳裔竄名者를 일일이 적발하여 原額에 移屬케 하였다.[59]

이렇게 하여 三政에 대한 弊를 民亂地域의 조사보고와 中外人士의

廣範圍한 의견서 등을 취집 정리하여 3個月間에 걸쳐 三政釐整範目이 完成되었다.

이를 보면

田政(13條)로써

① 三稅(田稅, 大同, 三手米)외에 추가 신설을 일절 혁파하고,
② 都結, 防結弊를 일절 罷革하다.
③ 三稅의 作錢은 戶, 惠廳의 例에 의하고,
④ 虛結과 隱結은 報告케 한다. 이외에 9개 항목이고

軍政(5條)

① 歙丁, 頉案은 年限을 嚴正케 하고,
② 私設軍官은 原軍籍을 移充하고,
③ 校院保率과 各廳稧房을 革罷하고, 儒生, 勳裔의 冒稱等 不法避役者를 摘發하여 出役케 하고,
④ 各色 軍摠策定의 不公平을 是正하며,
⑤ 以上의 不法은 行한 官民은 嚴罰한다.

還政(23條)

① 還政弊를 矯捄함에는 罷還이 상책이므로 이제부터 簽散取耗하는 것을 永久히 革罷한다.
② 전국에 남아있는 實還236萬如石을 모두 執錢하여 3年限으로 作穀備蓄하고 150萬石은 恒留하되 2年마다 改色한다.
③ 虛留穀 280 如萬石中 3分의 2는 詳査하여 全數蕩減케 하고,
④ 各道 兵, 水營穀과 城餉穀은 恒留穀中에서 適當히 就하고 本司에 報告한다.

⑤ 全國의 出免稅結을 莫論하고 每結에 2兩씩을 結錢列에 따라 收捧한다.

⑥ 作穀의 規定은 大米 1石價 5兩, 小米 4兩, 黃豆 2兩 5錢, 正租 2兩 4錢으로 한다.

⑦ 罷還歸結은 一大變通이므로 그 擧行條例는 昭詳히 開錄하여 永作不刊之典으로 하며 諸道의 還摠과 用下가 報來한 뒤에 大同事目例에 따라 頒布施行한다고 하여 이외에 16개항목이 있다.[60]

이와같이 많은 항목의 弊가 있다고 보았다.

이로써 당시의 三政의 紊亂의 상태를 말하여 주는 것이 될 것이다.

그러나 釐整의 실시는 논의가 있어 三南을 제외하고 各道의 實情에 맞지 않으니 還政求弊卽見을 새로 만들어서 實施하자고 하였다.[61]

이를 볼 때 罷還歸結策의 施行을 보류하게 된 것은 新 釐整策의 實施로 인한 일시적인 혼란을 너무 심각한 현상으로 받아 들였거나, 또는 그들의 利實關係에 따른 安逸한 思考에서 온 結果로써 좋지는 못한 것이 釐整廳이 活動을 계속하던 近 4개월 동안은 民亂이 종식된 듯 하다가 釐整廳이 撤罷된 뒤에는 다시 三南地方의 淸州(9月 15日) 淸安(10月 2日) 昌原(11月 8日) 蔚山(12月 22日)에서 再燃하는 가 하면, 咸興(10月 24日) 廣州府(10月말) 廣州(12月 7日)에까지 그 地城이 擴大되어 산발적으로 일어났다.[62]

이러한 현상은 말로 罷還歸結節見이지 三政舊規로 뒤돌아 한때의 논의와 계획에 그치어 효과를 얻지 못하고 失策으로 돌아간 결과였다고 하였다.

4. 社會的 背景

1) 民亂의 발생

民亂은 백성의 生業이 대부분 農業이였는 데 官의 억압속에서 사회적인 집단행동으로 개혁을 요구하는 소요로 나타난 것이다.

晋州의 民亂이 일어나기 전에 보다 먼저 西北에서 일어난 洪景來의 亂(순조11年, 1811)을 기점으로 民亂의 도화선이 되었다.

이 亂은 당시에 흑심한 災難과 흉작으로 인하여 飢民이 속출하고, 西北民의 地域的인 差別격차로 조정에 대한 불만 등으로 민심이 흉흉한데서 中人, 中小商人層이 중심이 되어 봉기한 것이다.

이 亂은 5個月이란 기간에 걸쳐서 계획한 뒤에 亂을 이르켰는 데 이러한 亂이 일어나기 전부터 凶書와 掛書 등이 자주 일어났던 것이다.[63] 이러한 事件 등이 民亂의 요소를 주게 되었다.

가장 큰 것은 晋州民亂으로 哲宗13년(1862)에 발생한 것인데, 慶尙右兵使白樂幸의 貪虐으로 일어나 6일간이나 계속된 農民의 봉기였는 데 관련된 邑村은 모두 23面이고 4명이 타살되고 부상도 많았으며 파괴된 가옥이 126호에 재물과 전곡을 빼앗긴 것이 118호로 10만냥에 달했다고[64] 한다. 이후로 조정에서는 三政釐整廳이 설치되어 改革을 실시코저 하였으나 실행치 못하고 있던 차에, 濟州道에서 民亂이 3次에 걸쳐 蜂起하여 원한을 맺은 5人을 타살하고 가옥을 부수거나 불태운 것이 141호이고 많은 재물이 손실이 있었다.[65]

이외에도 各地域에서 농민이 봉기한 것을 哲宗13年(1862)에 보면 慶尙道 15개 지역에 數十萬名이고 忠淸道 9個지역 數萬, 全羅道 8개 지역에 數萬이고 京畿, 黃海, 咸鏡道 各 1個지역으로 35개 지역 중 32개가

三南지방으로 되어 있다.[66]

이와같이 民亂은 社會的 構造의 變動인 신분구성의 변동이 社會변동의 요인의 하나였으며 그것은 국가 지방재정을 보충키 위하여 空名帖, 奴婢免賤帖 등의 발행이 성행하여서, 純祖元年(1801) 內·私奴婢 6萬여명을 일시에 혁파하여 贖良한 것이나, 또는 正祖10년(1786) 大邱地方에서는 良人(平民)이 그 전체에 59%였는 데, 약70년이 지난 哲宗9년(1858)에는 불과 33%로 줄었다[67] 는 것이다.

이로 미루어 볼 때 社會身分의 대대적인 승급은 신분승급경쟁과 농민층의 경제의식을 높여 주는 결과가 되어 사회구조가 역삼각형으로 정상적인 분포의 구조를 이루지 못하여 사회의 불안을 증대해 갔다고 하겠다.

2) 社會意識과 諸宗敎

㉮ 民間의 固有信仰意識

社會가 民亂 등으로 동요함으로 백성은 불안한 가운데 마음의 안식을 구하고저 하여 民間信仰이 흥행하고 또 여기에 風水說과 같이 鄭鑑錄의 비결을 盲信하게 되었은 데 鮮初에 圖讖書 등이 전하였는 데 鷄龍山下에 奠邑所居가 전해져서 큰 사건으로 발생한 宣祖때에 鄭汝立事件 외에 많은 사건이 잇따라 있었는데 그 당시에도 유행되어 鷄龍을 天國의 新都로 보아 새로운 국가의 건설을 하게 되는 데 정감록이 인용되였고,[67-1] 이러한 것이 東學에 인용되어 예언적인 미신에 맞는 시대로 응용하여 "時乎 時乎 是吾時乎"이라고 하였다.[68]

당시의 民間에서는 모든 것을 자기에 유리한 편과 안식을 갖고 이를 통하여 난관을 민간신앙을 통하여 극복하려고 하였다고 하겠다.

㉯ 儒敎와 佛敎 및 道敎

儒敎는 社會가 不信하는 가운데에서도 倫理의 기강을 이루고 있었는
데 書院의 儒生들은 華陽洞墨牌旨로 백성들을 많이 괴롭혔으며 억울한
원한을 품고 있었는 데 당시의 社會를 堯舜의 治도 不足施요, 孔孟之德
이라고 不足言이라고[69] 하였으면, 佛敎는 抑佛策에 의하여 서민에게 명
복을 빌거나 治病, 祈源 등을 위한 齊·佛供과 같은 행사로 명맥은 민
간에 끊어지지 안했으나, 일반적으로 하급 승려들은 托鉢僧으로 動鈴하
거나 乞食者와 다름없고 지체는 사회적이나 신분적으로 하시되었다.[70]

이와같은 당시의 諸宗에 대하여 평가하기를 儒敎는 名節에 拘泥하여
玄妙의 城을 모르고 佛敎는 寂滅하여 人倫을 끊고, 道敎는 자연에 悠通
하여 治平의 術을 缺한다[71]고 하였다.

그러하면서도 東學은 원래 儒도 佛도 仙도 아니고 儒佛仙을 合一한
것이다. 天道는 儒佛仙에서 유래된 것이 아니고 儒佛仙이 천도의 一部
分이 되는 것이다[72]라고 水雲은 그의 弟子 崔時亨에게 말했다.

㉰ 疾病의 流行

社會에 유행성 질병으로 많은 사람이 고통에 신음을 하거나 죽어 가
고 있을 때 水雲은 十二諸國 怪疾運數라고 하였다.[73] 이는 1858~62年
間에 걸쳐 中國에서는 廣東, 浙江, 北京과 日本의 長綺에서 cholera가 大
流行하였고 哲宗 10年(1859)에서 13年사이에 서울·평양에서 유행하였
다.[74]

이 병세는 猛烈히 傳染되어 급속히 번져 民心에 공포를 주었고, 인
류절멸의 공포마저 있었던 것이다.

鬼神의 탓이니 天罰이니 하고 들뜬 민중에 대하여 東學人道로 免厄

의 大道로 靈符를 불태워 먹게 하는 것이다.[75]

東學에 入道한 것은 求道보다는 治病에 있었다고 하겠다.

3) 東學敎의 成立

東學敎가 宗敎로 이루어지게 되기까지는 짧은 시간이 걸렸다.

西學인 天主敎가 들어오면서 邪敎라고 사상적인 면에서 유교인 性理學을 신봉하는 데 따른 계급타파와 가정윤리가 파괴된다고 금하였으나 정치적 문제로 쟁점이 되어 많은 사옥을 당하였다.

이는 관리가 문란하고 三政이 문란하면서 사회에는 민란이 자주 일어나게 되었던 것이다.

여기에 中國이 西洋에 침략을 당하자 天下가 분단되고 있으니 이는 입술이 망하면 치아가 시리다고 하여[76] 中國에게 보호를 받을 수 없으니 西學침입을 양반으로서 보고만 있을 수 없어 東學이라고 하였다.[77]

西學의 말에는 순서가 없고 글에는 흑백이 없으면[78] 입교하면 내가 옳고 남은 그르다고 하는 데 이를 믿을 수 없다고 하였다.[79]

그리고 天主敎人에 대하여 中國을 침범하는 것이 天主의 뜻이라 하고는 富貴를 취하지 않는 다면서 天下를 공격하여 점령하고 敎會堂을 세우고 그 天主敎를 포교하니 어찌 믿을 수 있을까[80] 하면서 말과 행동이 다르므로 믿을 수 없다는 것이다.

이렇게 西學이 부정하게 성행하므로 東學을 칭도한 것이다라고 하였다.

5. 맺음말

朝鮮中期에 壬辰倭亂과 丙子胡亂으로 정치·사회적으로 큰 혼란을 갖게 되었다.

性理學에 대한 邪文亂賊으로 몰리는 陽明學者들은 中國으로 西學을 받아오게 되었고 이는 性理學에 대한 도전이며 사회전반에 걸친 변화였다. 즉 계급의 타파와 가족윤리의 파괴를 의미하므로 조정에서 금하고 이를 정치적으로 이용하여 사옥을 이르켰다.

西學은 西洋의 科學과 天主敎로써 科學은 實學으로 발전하여 開化運動이 되었고, 天主敎는 洋擾를 불러오게 되었다.

中國은 아편전쟁과 태평천국의 난으로 붕괴되자 事大主義에 대한 불안과 믿을 수 없게 되었다.

이것이 조선에 전파될까 걱정이 태산이었다.

여기에 世道政治로 인하여 관리가 문란하고 조정이 문란하여 민란이 발생하게 되었다.

괴질이 발생하자 부적을 먹으면 영험을 볼 것이다고 하여 東學에 모이도록 하고 天主敎와 儒敎, 佛敎, 道敎를 비판하여 東學을 이르키게 되었다.

그러나 東學은 일부만이 믿고 있었으나 조정에서는 天主敎와 동일시하여 탄압하므로 더욱 확대되어가게 되었던 것이다.

1) 柳洪烈, 「高宗治下 西學受難의 연구」, 1984.

2) 李元淳, 「韓國 西學史 硏究」, 一志社.

3) 崔濟愚, 「東經大典」 「龍潭遺詞」

4) 柳洪烈, 위의 책, 3쪽

4-1) 柳洪烈, 위의 책, 5쪽

4-2) 李睟光, 「芝峰類說」諸國部, 乙酉文化社, 515쪽

5) 「正祖實錄」21年 6月 庚寅

6) 丁若鏞, 「與猶堂全書」第一集, 自撰墓誌錄

7) 李頤命, 「疏齊集」卷19. 書牘

8) 洪大容, 「湛軒書」燕記 卷3, 觀象監劉鮑向答

9) 朴趾源, 「熱河日記」北京, 天主堂, 利瑪竇

10) 「正祖實錄」卷38. 17年 10月 丙戌

11) 「正祖實錄」卷42. 19年 ? 2月 甲辰

12) 「憲宗實錄」卷7. 6年 3月 乙卯

13) 「日省錄」憲宗 壬寅年 4月 9日

14) 「日省錄」憲宗 壬寅年 12月 4日

15) 「日省錄」哲宗 戊午年 正月 2日

16) 「日省錄」哲宗 辛酉年 正月 18日

17) 「備邊司謄錄」236冊, 憲宗, 15年 3月 15日

18) 「憲宗實錄」卷7. 6年 4日 乙卯

19) 「哲宗實錄」卷12. 11年 10月 壬午

20) 「哲宗實錄」卷13. 12年 3月 乙卯

21) 「哲宗實錄」卷13. 12年 5月 丁未

22) 「哲宗實錄」卷13. 12年 6月 丙子

23) 「哲宗實錄」卷13. 12年 1月 戊午

24) 柳洪烈, 위의 책 66~7쪽

25) 朴殷植, 「韓國通史」博英社. 72쪽

26) 柳洪烈, 위의 책 237쪽

27) 黃玹, 「매천야록」卷一, 34~5쪽

28) 日省錄 23冊, 高宗 2年 4月 12日.

29) 備近司謄錄 第 250 冊 哲宗 14 年 5月 23일

30) 황현, 「梅泉野錄」

31) 황현, 「梅泉野錄」 109쪽

32) 「秘書類纂朝鮮郊步資料」 하권, 204~212쪽

33) 肅宗實錄 卷60, 43年 9月已卯

34) 肅宗實錄 卷60, 43年 8月辛亥

35) 金義煥, "初期東學思想에 關한 研究", 「韓國近代史研究論集」, 3쪽.

36) 李瀷, 「星湖先生文集」卷47, 雜著 論括田.

37) 정약용, 「牧民心書」卷4, 戶典六條 束吏.

38) 日省錄, 哲宗 11年 3月 5日.

39) 增補文獻備考, 卷141, 田賦考一.
　　　世宗二十六年　置田制詳定所　普陽大君　爲都提調………鄭麟趾爲提調田分六等
　　　………上上六年稅二十斗上中年十八斗………中中年十二斗………下下年四斗

40) 續大典, 戶典, 收稅

41) 丁若鏞, 牧民心書, 卷10, 戶典六條, 田政條

41-1) 「校註 六典會通」 朝鮮總督府中區院, 李朝時代 9 財政.

42) 金鎭鳳, "世道政治와 農民의 抗拒" 「한국사」15, P.93, 국사편찬위원회, 1975.

43) 增補文獻備考, 卷 141, 田賦考一
　　　萬機要覽, 財用編三, 均役

44) 「校註 大典會通」附錄, 참고.

45) 丁若鏞, 「牧民心書」, 267卷 兵典六條, 簽丁.
　　　僞造族譜 盜賣職牒 圖免軍牒者 不可以不懲也.

46) 上揭書………其數作爲小籍分給諸里此之謂以籍也 然且軍役有重有良有賤.

47) 上揭書, 卷19, 戶典六條, 戶籍,
　　　日省錄, 哲宗 8年 12月 8日.

48) 「萬機要覽」, 財用編3, 糴糶

49) 丁茶山, 「牧民心書」卷20, 戶典, 糴薄.
　　　一曰 穀名亂也, 二曰 衙門亂也, 三曰 石數亂也, 四曰 耕法亂也, 五曰 巡法亂也
　　　六曰 分留亂也 七曰 移貿亂也八曰停退亂也

50) 위의 책

51) 위의 책

52) 備邊司 謄錄 第236冊 哲宗元年 11月 16日

………其間歲登逋少之時 豈無拮矯捄之才 而徒掖虛薄 任他滋獘者官長向以辭其
責乎 今旣登 聞之後 不可兄罪其官而不思餘民縋力道癸卯以後 民未捧條之待年
豊收捧 生存還逋之停耗排捧 感債移轉京外勾管穀半留等事一依狀請特許紓 盖此

53) 備邊司謄錄 第247冊 哲宗11年 1月 15日
上曰 小民雜支獘 至於久債訟而極矣 且徵族一款 尤是屬民之政
爲官長者 安得辭其 責乎 無論京外 依所秦申禁可也

54) 備邊司謄錄 第239冊 哲宗 3年 10月 22日
傳曰 軍田糴三政 有國之大典 而目今三政俱病以之民生因瘁 就其中糴政 最爲民
切骨之弊也 戶穀不相桶當而民受其弊弊 歛散不以其道而民受其害 甚至於不分
之穀 徒而督納 是白上也 非還上也

55) 哲宗實錄 卷14, 13年 5月 癸卯
晋州按覈使朴珪壽 上疏略曰 亂民之自陷 必有由焉 卽不適三政之俱紊而若其剝
膚切骨 惟還餉居其最矣 晋之虛逋 旣有查啓專論 而丹城縣戶不適數千 而還餉各
穀 爲九萬九千餘石……朝家蠲蕩之恩. 又豈隨聞輒施之事裁 只是受病者吾民而已
宜及此時 別開一局 揀選委任 悉具條理或因舊而修飾 或師古而增損 潤色周詳
然後舉而先試 一道次第通行如是而弊未安者 巨未之聞也. 批曰 所陳令廟堂稟
處.

56) 哲宗實錄 卷14, 13年 5月 丙午
……凡係民事大去處 卽惟曰 三政 亂民所籍口者 未嘗不在於 八道三政令廟堂
設廳講究 可以釐革者釐革 可以矯整者矯整 俾彼顛連呼號之類 皆有以莫安休息
均被一視之政

57) 哲宗實錄 卷14, 13年 5月 丁未
備局啓 以三政 求獘 會同于本司 廳號以釐整爲定.以領府事鄭元容 判府事金興
根, 金左根 左議政趙斗淳 爲釐整廳摠裁官.戊申 釐整廳啓言 判敦寧金炳冀……
本廳處所 以觀象監之 允之.

58) 哲宗實錄 卷14, 哲宗13年 6月 辛酉

59) 哲宗實錄 卷14, 13年 7月 丁亥
各營各司校與吏隷及營屬加出各色 爲先——刑汰之意 捧甘 使之修成冊報本廳
以爲憑考之地 外他合當裁省者 謹當更 加商確 或筵稟或草記舉行 又啓言 各道
各邑 校院墓村官屬稧防 冒稱璿泒勳裔 寔各之流—— 掀發 移屬原額의 之意 請
知委 允之.

60)「壬戌錄」"釐整廳謄錄" 壬戌 閏8月 7日條.

61) 哲宗實錄 卷14, 13年 11月 癸亥
三政釐整之前令 俱出於爲民………至如三南 則還結兩獘 最甚 結政則近來 自邑
科外冒捧者 詳當以查減 還政 求獘事件 向有條例啓下者就其中略加增刪 啓稟後
請行會 從之.

62) 金鎭鳳, "朝鮮哲宗朝의 釐整廳에 대하여"「編史」2, 5~9쪽, 국사편찬 위원회,
(1968).

63) 「한국사」17, 東學思想의 胚胎, 335쪽.

64) 金鎭鳳, "晋州民亂에 대하여",「白山學報」8. 440~444쪽.

65) 金鎭鳳, "哲宗朝의 濟州民亂에 대하여",「史學研究」21, 174~185쪽.

66) 「한국사」17. "世道政治와 農民의 抗拒", 132쪽.

67) 四方傳, "李朝人口에 關한 身分階層別 觀察",「朝鮮經濟の研究」, 390쪽 京城帝
大 法學會.

67-1) 李能和,「朝鮮 基督教 及 外交史」, 影文社, 18쪽.

68) 「龍譚遺詞」, 劍歌.

69) 「龍譚遺詞」 몽중노소문답가.

70) Dellet,「조선교회사」"서설" 정기수역 탐구당.

71) 吉川文太郎,「朝鮮諸宗教」p.322. (朝鮮興文會, 1922)
李瑄根,「花部道研究」(東國文化社, 1954), 139쪽.

72) 李敦化, 前揭書, 47쪽.

73) 「龍譚遺詞」"蒙中老小問答歌"

74) 朝鮮疾病史, 67쪽. 金龍德, 東學思想研究, 再引用, 193쪽.
哲宗實錄, 卷11, 10年 9月 甲申
哲宗實錄, 卷12, 11年 6月 乙酉
哲宗實錄, 卷12, 11年 7月 丁巳

75) 「龍譚遺詞」"安心歌"
나도 또한 하울님께 분부받아 그린 부적

76) 「東經大典」論學文

77) 「高宗實錄」卷1, 元年 2月 29日

78) 「東經大典」論學文

79) 「龍譚遺詞」"夢中老少問答歌"

80) 「東經大典」布德文

제2장

東學 唱導와 思想 및 布德

1. 머리말

　朝鮮의 封建制와 近代化의 分水嶺을 이루었던 東學革命運動은 그 의의가 크다. 이런 동학 혁명 운동이 전개되었던 것은 무엇보다도 동학을 창시하였던 水雲 崔濟愚의 生涯[1]와 東學思想[2]이 중요하다.

　그러나 동학사상을 정리하고 발간하며 또한 포교한 海月 崔時亨[3] 또한 그 역할이 중지대하였다. 최제우가 득도하는 과정에서 그의 종교적 체험을 살펴보고, 동학을 창도하게 되는 그의 사상을 밝히므로 동학이 사회에 끼친 영향이 나타날 것이고 이러한 사상을 받은 최시형의 포교 과정에서 종교로 전파되고 또한 탄압 속에서도 백성에 파고 들어간 사상은 무엇이었을 것인가.

　이러한 것을 살핌으로써 東學은 西學에 대하는 종교가 되고 이는 전파되어 가서 사회교화라는 문제를 갖게 되었다.

　동학을 창도하게 되는 원인을 보고 거기에 따르는 신도와 그 사상을 밝혀봄으로써 동학의 포교의 전개과정에서 동학에 관한 문제가 귀결되리라고 본다.

2. 崔濟愚의 生涯

동학의 창시자인 崔濟愚는 1924년(純祖 24년)에 慶州 柯亭里에서 태어났으며, 初名은 濟宣이며 字는 性默이고 號는 水雲이다.[4]

崔濟愚의 아버지는 鋈으로, 호는 近庵인데 유학자로 道學이 높아서 慶尙道에서 士林의 師表가 되었으나, 40세가 넘도록 과거에 급제를 못하여 비운에 빠진데다가 만년까지 자식이 없어 한탄 속에 지내다가 63세에 寡婦인 韓氏를 맞아들여 晚得親子를 낳았는데, 그는 四寸 조카를 養子로 들여왔기 때문에 族譜에는 濟愚는 次子이고 또한 庶子가 되는 것이다.

濟愚는 濟宣이란 이름을 得道한 후에 어리석은 백성을 구제한다는 뜻에서 改名한 것으로 供草文에는 福述이라고 되어 있으며[5], 天道敎創道史에서는 "복수리"라고 칭하고 있다.[6] 복술이란 표현은 卜術이란 뜻으로써[7], 한자로 福述이라고 기록하게 되었던 것이다.

水雲이란 호는 崔致遠의 호인 孤雲에서 비롯한 것으로 보여지는데 崔致遠이 선조이기 때문이다.

水雲의 家系는 다음과 같다.

始祖는 신라 말의 慶州崔氏 孤雲 崔致遠이고, 11대조는 成均館司成을 지낸 崔訥이며, 7대조는 丙子胡亂때 忠祠에 配享된 崔震立이고[8], 6대조 이후에는 선조들이 벼슬이 없는 데다 先親마저 文章과 德望은 있었으나 출세를 못하게 된 불우한 환경 속에서 水雲은 6세 되던 해에 모친을 잃고 16세에 부친 鋈마저 별세하여 그는 매우 큰 충격과 비통에 쌓이게 되었다.

그는 그 이후에 家出하였다가 19세에 부인 朴氏를 맞이하였고, 20세 때에 火災로 家屋과 家財를 잃고 낙심하여 流浪하려 名山大川을 巡禮하면서 대자연의 신비와 우주인생의 眞妙를 관찰하여 사색과 冥想을 함으로써 위안을 얻었으며 蔚山에 이사하여 한때 생업으로 布木商을 하기도 하였다.[9]

32세 때(1855) 金剛山 楡店寺의 僧으로부터 異書를 받고, 그 眞意를 알고 부터 道를 위해 修練을 하였다고 하는데 이것을 宗敎的體驗이라고 말하고 있다.[10]

34세에 千聖山 寂滅窟에서 49일 기도하고 돌아와서 道術을 부릴 줄 아는 奇人奇男으로 성령화되어 龍潭亭에서 覺道를 다짐하며 濟宣을 濟愚로 개명하고 계속해서 大道를 깨우치는 수도를 하다가 37세 때인 1860년 4월 5일에 無極大道를 得道하였다고 한다.[11]

그는 득도를 「東經大典」의 布德文, 論學文, 「龍潭遺詞」의 安心歌, 龍潭歌에서 宗敎的體驗으로 표시하고 있다.[12]

최제우의 깨달음은 4월 5일에 꿈이런가 잠이런가 천지가 아득해서 정신수습 못할러라 공중에서 외는 소리 천지에 진동할 때에[13] 神仙의 말씀이 들려왔다고 하였다.

몸이 떨리고 추운 기운이 있고, 마음이 안정되지 않고 정신이 혼미하고 미친 것 같기도 하고 술에 취한 것 같기도 하고, 엎어지고 넘어지고 무릇 바닥을 치며 몸이 저절로 뛰어오르고 기가 뛰놀아 병의 증상을 알 수 없으며, 공중으로부터 완연한 소리가 있어 자주 귀 근처로 들려오는데, 그 단어를 알 수가 없었다. 그래서 공중을 향해서 물었다고 하였다.[14]

1861년 봄에 「布德文」을 짓고 6월에 포덕할 마음이 있어 세상의 어진 사람들을 얻고자 하니 저절로 풍문을 듣고 찾아오는 사람들의 수가 많아 전부 헤아릴 수 없을 정도였다. 혹은 불러서 입도하게 하고, 혹은 명하여 포덕하게 하니, 전하는 것이라고는 오직 스물 한자뿐이었다.[15]

이와 같은 대각으로 인하여 득도하였는데 사람들이 많이 찾아오게 되어, 새로 들어온 사람들을 생각하니, 어리석고 아직은 미미한 사람들이라 스스로 탄식하며 11월에 홀연히 길을 떠났다.

東學의 道라고 하여도 西學이라고 몰아 부치는 관리의 핍박과 주변 세상의 인심을 감당하기 어려워 피신의 길에 올라서 熊川(東萊郡)으로 해서 星州를 지나서 忠武公의 사당을 배알하고 茂朱로 해서 全羅道 南原에서 徐公瑞의 아들의 병을 고치어 십여일 유숙하고 남원 서쪽 20여리 山城內 輔國寺의 한간 방을 빌려서 隱寂菴이라 하고 수도를 시작하여[16] 道修詞를 짓고 東學論(論學文), 勸學歌를 지었다.[17]

1862년 3월 경주로 돌아와 朴大汝란 제자의 집에 있을 때 崔慶翔(時亨)이 찾아와 입도하고 제자가 되었으며, 6월에는 「布德文」과 「夢中歌」인 「夢中者少問答歌」를 지었다.[18] 그러나 9월에 邪學을 퍼뜨려 惑世誣民한다는 이유로 慶州營은 최제우를 체포하여 감옥에 가두었으나 수백 명 교도들의 집단 항의를 받고 석방하였다. 동학의 포교는 입도하는 사람들이 급증가하여 크게 확대되어갔다.

1862년 말에는 지방에 接所를 설치하고 접소에는 接主를 두어 接主制를 실시하였다.[19] 그후 1863년 7월에는 崔慶翔을 北道中主人에 임명하였다.[20]

한편 조정에서는 동학의 세력이 급속히 성장하고 있다는 보고를 받고는 백성들이 동학이 새로운 사상과 종교로 조직화되는데 큰 위협을 느끼고 1863년 12월 宣傳官 鄭龜龍과 포졸들을 경주에 파견하여 최제우를 체포해서 한양으로 압송하도록 어명을 빌려 명령하였다.

이 소식을 들은 경주의 동학도인들이 찾아가 피신할 것을 건의하자 道는 곧 나로부터 나온 바인데 차라리 내가 당해야지 어찌 제군에게 당하게 하겠는가[21] 하고 피하지 않았다.

최제우는 10여 동학도인과 함께 경주 옥에 갇히었다가 서울로 압송되던 중, 12월 7일 果川에 이르렀을 때 哲宗이 승하하여 국상이 반포되자, 이곳에 며칠 머무르게 되었다. 다시 해당 營에서 문초하라는 전교가 내려서 다시 大邱를 거쳐 경주로 이송되었다.

大邱監司 徐憲淳의 문초를 받아 天主를 믿는 邪學을 퍼트려 惑世誣民한다는 죄로 1864년 2월 29일 斬刑이 결정되었다. 이리하여 최제우는 1864년 3월 10일 大邱將台에서 참형 당하였다. 그는 그가 창시한 동학을 위하여 殉道하였다.

그는 참형을 당하는 순간까지 조금도 굽힘이 없이 의연하게 나의 하는바 道는 私心이 아니오 天命이니 巡相은 그 뜻을 아소서 오늘은 나를 죽이나 손자 대에 가서는 반드시 내 道를 쫓고야 말리라 하는[22] 최후의 말을 남겼다.

최제우 이외의 동학도인 白士吉, 姜元甫, 李乃謙 외 8명은 각도로 流配 당하였고, 寧海人 朴生, 朴明汝는 옥사당하였다.[23]

3. 崔濟遇의 得道와 布德

최제우의 득도는 20대에 집이 화재를 당하여 재산이 없으므로 주유천하를 하면서 대자연속에서 자신에 대하여 사색과 명상을 하며 경주로 돌아와서 蔚山에 이주하여 布木商으로 생업을 갖기도 하였으나, 32세때 金剛山 楡店寺 僧이 백일기도후 책 한 권이 있어 천하의 異書라 알 수 없으니 연구하라고 하면서, 책을 주었다. (책의 내용을 살펴보고 돌아보니) 문 듯 승도 책도 보이지 않았다. 책속의 글이 완연히 기억되었으므로 3일을 두고 글 뜻을 생각하여 진의를 알아내었다.

이 일이 있은 후에 수련을 게을리 하지 않고 道 닦기에 힘썼다. 그 후 梁山 通度寺 內院菴에 들어가 49일 수련하고 내려오니 異術을 한다고 하였다. 그 후 또다시 千聖山 寂滅窟에서 49일의 기도를 하고 무사히 돌아왔다. 그 후 1860년 4월 5일 꿈이런가 잠일런가 천지가 아득해서 정신 수습 못할리라 공중에서 외는 소리 천지에 진동할 때 공중에서 외는 소리 勿懼勿恐하였어라.[24] 라고 하여 하늘의 계시라 믿었다.

또한 뜻 밖에도 庚申年 4월에 갑자기 가슴이 두근거리고 몸이 떨리기 시작하여 무슨 병인지 병의 증세를 알 수 없고, 말로 형용하기도 어려운 즈음에 어디선가 갑자기 神仙의 말씀이 들려왔다. 하나님이 너는 世間에 태어나게 하고 세상 사람들에게 이 法을 가르치게 하노니 西學을 그르쳐야 하니 아니라고 하였다.[25] 이는 동학으로써 동학을 가르치라는 것으로 布德하라는 것이 된다.

또한 정신이 혼미하고 미친 것 같기도 하고 술에 취한 것 같기도 하여 엎어지고 넘어지고 마룻바닥을 치며 몸이 저절로 뛰어오르고 氣가 뛰놀아 병의 증상을 알 수 없으며 말로 형용하기도 어려울 즈음에 공중으로부터 완연한 소리가 있어 자주 귀 근처로 들려오는데, 공중을 향해 묻기를 공중에서 들리는 소리는 누구입니까 하니 '나는 바로 上帝이다. 너는 곧 백지를 펴고 나의 부도를 받아라' 하였다.[26]

여기서 符籍을 만들어 不死藥이 되는 것이다. 이와 같이 하늘로부터 백성을 가르치고 병으로부터 구제하라고 하였다. 그리하여 동학을 創道하였는데, 저 庚申年 4월에 이르러 천하가 혼란하고 민심이 효박하여 어디로 가야 할 지 모를 즈음에 또한 괴이한 말이 세간에 요란하게 퍼져 이르기를 西洋사람들은 道를 이루고 德을 세워 그 造化가 미치는 곳에 이루지 못하는 일이 없고, 무기로 공격하여 전투를 함에 그 앞에 당할 사람이 없다'고 하였다. 이 사람들은 道는 西道라고 칭하고 學은 天主라고 칭하며 敎는 聖敎라고 하니 이것은 天時를 알고 天命을 받는 것이나 아닐까 하는 말도 있었다.

나도 또한 늦게 태어난 것을 한탄할 즈음에 갑자기 몸이 떨리기 시작하여 밖으로 靈氣가 몸에 접하고 안으로 가르침이 내리는데 보아도 보이지 않고 들어도 들리지 않았다.[27]

西學은 天主敎와 武力의 힘으로 하여 진출하므로 서양에 대하여 위기의식으로 최제우는 동학을 창도하려고 하였다. 그의 得道과정을 仙人, 上帝(하느님) 靈氣와의 결합으로 神秘體驗으로 설명하면서 교시를 제시하였다.

동학을 儒·佛·仙의 합으로 보고[28] 있으며, 儒의 倫理는 三綱五倫이고, 佛의 覺性은 修性覺心이고, 仙의 養氣는 養氣養性으로 보고[29] 있으며, 天道는 동학으로 天은 하느님이라는 天主에서 비롯한 것으로 보여진다.

1861년 최제우는 布德文을 짖고 그의 도를 東學이라 하고 布德을 시작하였는데[30] 최제우가 득도하여 포덕을 시작하자 사방에 소문이 퍼지자 어진 선비와 농부들이 새로운 道를 배우려고 구름같이 모여들어 6개월 동안 약 3천명이 모여 동학을 배우고 그의 제자가 되었는데 자신을 孔子의 자제 가르치던 것으로 비유하였다.[31]

이렇게 포교는 급속히 확산되어 교도들이 모여들었다. 그러나 비방과 중상도 증대하여 崔氏家門에서도 일어나 큰 타격을 받았고, 관리의 압박을 받아 피신하여 南原으로 가서 隱寂菴에 1년여간 머물렀다.

그의 수제자가 된 崔慶翔이 찾아왔다. 동학의 포교가 확대되자 각처의 接主를 청하기를 慶州府 西는 白士吉, 姜元甫, 盈德은 吳命哲, 寧海는 朴夏善, 大邱, 淸道, 京畿道는 金周瑞, 淸河는 李民淳, 延日은 金而瑞, 安東은 李武中, 丹陽은 閔士葉, 英陽은 黃在民, 永川은 김선관, 新寧은 河致旭, 固城은 成漢瑞, 蔚山은 徐君孝, 慶州 本府는 李乃謙, 長機는 崔仲義로 정하였다.[32] 그리고 崔慶翔은 北道中接主로 삼았다. 이렇게 포교하고자 지역을 분할하여 接所를 만들고 接主를 만들어 확장하였다.

4. 東學思想

수운의 사상은 『東經大全』과 『龍潭遺詞』에 담겨져 있는데 『동경대전』은 한문체로 되어 있으며, 『용담유사』는 한글로 가사체 형식으로 되어 있는데, 『동경대전』에 합록하기도 하고, 별도로 편찬되기도 하였다. 『동경대전』이나 『용담유사』는 水雲이 지었다고 하지만 실은 時亨이 그 일부를 보충하였으며, 그가 암송한 것을 제자들이 기록하여 간행하였다고 이해되고 있다.[33]

다음에서 『동경대전』과 『용담유사』에 담겨져 있는 동학사상중에서 民衆에 布德하기 위한 社會敎化思想이 무엇인가를 살펴보고자 한다.

가. 東學經典의 分析

동학의 경전에는 『동경대전』과 「용담유사」가 있는데 『동경대전』은

1880년에 麟蹄郡 甲遁里에서 간행되었고, 『용담유사』는 1881년에 丹陽郡 南面 白水洞에서 간행되었다. 두 경전은 1860년에서 64년까지 수운이 포교를 위하여 講道용으로 저술한 것이었다.

그러나 필사본이 敎主의 처형과 교인들이 박해당하고 경전들은 燒失되었거나 압수 당해 焚書되었으나, 최시형에 의한 보관(최보따리)과 暗誦에 의하여 16·7년 뒤에 포덕을 위하여 간행된 것이다.

『동경대전』의 항목을 살펴보면은 布德文은 포교를 의도한 선언으로 하울님의 뜻을 알고 믿게 말한 것으로 525자이며, 論學文은 이론적 구성인 眞理를 논한 글로 1338자이고, 修德文은 天地의 뜻을 알기 위해 入道修德하는 수도의 요령으로 1050자이고, 不然其然은 역사와 자연의 순환을 비판한 것으로 523자로 되었다. 이 외에도 歎道儒心急 174자, 筆法 및 入節있고 祝文, 立春詩, 降詩, 座箴, 和訣詩, 訣偶吟, 題書, 詠宵 등으로 되어 있다.

『龍潭遺詞』는 8편으로 「龍潭歌」(1860)는 득도한 감회로 경주의 풍경과 신라 문화의 우수성을 찬미하며 가문의 내력으로 선조의 덕과 득도의 개연성으로 후세를 예언하고 찬송한 것으로 72구절로 처음으로 저술한 것이다.

「安心歌」는 145구절로 부인을 안심시키고 사회에 대한 저항적인 것이며, 윤회운수를 맞았으니 근심 말고 정심수도를 잘하며 지상천국으로 태평가를 즐겨 부르라는 것이다.

「敎訓歌」는 227절로 자질의 교육과 평등주의를 표방한 것으로 敎人은 믿음의 마음에 변화를 일으키지 말라는 교훈을 준 것이며, 「夢中老少問答歌」는 85구절로 기성사회를 비판한 것으로 敬天하면 살고 피난한다고 살수 있는 것이 아니라는 것이다.

「道修詞」100구절은 수도방법으로 正心修身, 道成德立을 말한 것이다.

「勸學歌」114구절은 공부를 권하는 가사로 세운수 받아 敬天, 順天하면 3년 괴질로 죽을 염려 없다는 것이다.

「道德歌」68절은 지도원리를 비판하고 민중에 퍼진 귀신 신앙의 어리석음을 개탄한 것이며, 天道와 天德을 기르기 위 한글로 천성 유지에 道를 알고 天과 德이 합하여야 한다는 것이다.

「興比歌」93절은 참고 견디면 무궁한 이치를 무궁히 찾을 것이라는 것이다.

『龍潭遺詞』는 敎理를 말한 것은 『東經大全』과 같으나 한글로 되었으며 歌詞로써 노래를 부르도록 되어 서민이나 부인을 대상으로 만들어진 것으로 보여진다.

나. 成道動機와 根源

東學이란 명칭은 西學에 대칭되는 말로써 동학의 道는 비록 서학과 동일한 天道이나 東國에서 받았으니 東國思想이라고[34] 하였다.

그리고 서학이 東邦을 침입하는데 어떻게 대할 수 있을 것인가 에는 劍歌와 供招에서 西學은 陰이고, 동학은 陽이므로, 陽으로 陰을 제압할 수 있다[35]고 하였다.

水雲은 현실을 時運數로 보는 風水圖 讖說的이고 易學的 循環史觀에 기초로 표현하였고, 비판의식이 명확하게 당시 사회의 혼란은 사상이 없기 때문이고, 서양의 막강한 힘으로 중심을 침입했으니 언제 우리를 휩쓸을지 모를 진데 이에 대항하기 위하여는 西學·天主敎의 神秘속에 威力인 힘이 있을 것이라고 믿어 그것을 수운이 받아서 신비의 힘을 나타내려고 한 것이라고 보아야 할 것이다. 그것은 천주교의 교인이 확대됨으로 在來固有土着信仰에 천주교의 교리를 동양적인 思惟로 바꾸려고 하였다고 하겠다.

이로 볼 때 동학은 서학으로 기인되었다고 할 수 잇는 것은 洋學은 동학과 비슷하면서 다른 것은 한울님을 위하는 듯 하면서도 사실은 그렇지 않다. 運은 一이며, 道는 같으나 理는 다르다[36]고 하여 大同小異하다고 보아야 할 것이다.

또 서학을 적대시하나 내적으로는 동경하고 있는 것은 그 사람들은 道는 西道라 이르고 學은 天主學이라 하고 敎는 聖敎라고 하니 이것은 天時를 알고 天命을 받은 것이 아닐까[37]하는 것이 天命은 敬天이라고 볼 수 있어서 천주학을 본받았다고 보아야 할 것이다.

서학에 대항하려고 하였다면 서학은 왜 傳道가 잘 되는가, 그것이 무엇 때문인가를 살펴볼 필요가 있을 것이다.

서학은 종교로 바로 받아들이지 않는 것은 유교의 윤리가 무너지기 때문에 유교를 정이라 하고 서학을 邪學이라고 규제하였던 것인데 서양이 무력으로 침략하는데 대하여 水雲은 동방의 착한 도덕으로 이를 대항케 하였고, 그러므로 그는 자기가 서양인보다 더 참된 천명을 받으리라고 굳게 믿은 것 같다.[38]

그리고 수운은 천도를 받았다는 것은 天靈의 降臨을 뜻하는데 이는 천주교에서 聖神이 강림하니 라고 표현하는 것으로 보아도 천주교식이다.

또 양인의 火器에 대항으로 나무의 날카로움은 철보다 나으니 서양인의 눈 요술은 실제 칼과 같다[39]고 하였고, 또한 劍歌를 지었고 劍舞를 장려하였다.[40]

이와 같이 천주교에서 유래된 점이 많다고 하는 견해는 東學亂 직후
에 조선에 온 외국 선교사들에 의하여 동학교리가 儒·佛·仙 3교 이
외에 로맨, 카톨릭인 천주교에서 그 교회조직과 종교의식상의 어떤 요
소를 취했다고 쓰고 있으며 동학교리에는 이상하게도 예수 그리스도의
일생과 가르침에 관한 성서 내용과 유사한 양식과 어조가 담겨져 있다
고[41] 하였다.

유교에서 起因한 것으로 보는 것은 修身齊家 아니하고 道成德立 무
엇이며[42], 임금에게 공경하면 충신열사 아닐런가, 부모님께 공경하면 효
자효부 아닐런가[43] 하여 유교의 전통사상을 그대로 수긍하였다고 하겠
으며, 그리고 하느님의 뜻에 따라 글(敎旨)과 法(修道方法)을 제정하여
세상을 교화하라는[44] 것은 천명을 받아 글과 법을 제정하여 백성을 교화
하라는 것이 저 성현의 사명이라 보는 표현과 사상이 바로 유교라고[45]
보는 것이다.

불교의 형식에서 취한 것이 菴·寺에 가서 49일 기도를 하였다거나,
득도하였다는 것이 부처의 깨달음에 비교할 수 있으며, 佛敎의 覺性을
天道의 고유한 部分이라고 하였고[46], 또 심변의 慈悲理性을 중시하였
다.[47]

그리고 고유민간신앙에서 보면 백지에 龜龍字 등도 써서 符籍을 만
들었다.[48] 기도방법이나 壇을 모으는 것이나 淸水 떠놓고 酒果脯하는
것이 固有民間信仰 요소가 있다는 것이다.[49]

천도교 創建史나 東學史 다 같이 동학은 儒·佛·仙 합일이라고 하
는데 수운은 吾道를 儒·佛·仙 합일이 아니라 원래 天道는 유불선이
아니므로 유불선은 천도의 부분적 진리로 과거 시대의 도덕이 아니라
유교의 삼강오륜과 불교의 修性覺心과 仙의 養氣은 은 천도의 부분인

데 吾道는 儒, 佛, 仙의 最源頭에 立하여 體는 곧 천도이며 用은 곧 유불선이니라[50] 하였으므로 거기에 고유민간신앙과 천주교를 포함한 동학 종교를 만들었다고 보아야 할 것이다.

다. 동학의 전개

1) 信仰의 對象

동학에서 天主·한울님(하느님)은 신앙의 대상으로 신이고 초자연적인 존재이며 最高至上의 觀念으로 上帝, 상제님, 化工, 造物者로 나타나 있다.

天主란 이름은 『東經大全』에서 전적으로 쓰이고(14회), 한울님(하느님)은 『용담유사』에서 전부 한글로 쓰여 있으며, 한울님이란 단어는 한자로 意와 音으로 표현할 수 없어서인지 34회 나온다. 그래서인지 『용담유사』에 한글로 천주란 말은 한번도 없는데 이는 천주를 한울님으로 나타낸 것이 될 것이다.

天主의 '主'풀이를 '主'는 존칭으로 부모와 같이 섬기는 것[51]이라고 하였다.

천주는 인간의 내심에도 있는 것이고, 동시에 人間外에도 객관적으로 실재하는 것으로 천주를 내재적 초월적인 것으로 생각한다. 자기의 내심에 있는 天心을 밝혀 우주의 大精神인 天心에 합치시키는 것이 대자연의 섭리에 自我를 융합시키는 것이며, 따라서 인간으로서 지고의 지혜를 파악하는 것이 된다[52]. 요컨대 사람의 본성과 천심과는 서로 靈通할만한 소지가 있으므로 사람의 心中에는 사악한 마음을 없애고 本性을 회복하면 천과 영통할 수 있는 길이 열리는 것으로 이것이 人心 天心, 天人合一의 원리가 된다고 보는 것이다.[53]

수운의 종교적 신앙의 대상인 천주, 하느님을 살펴보면

가) 내가 모시는, 長生케 하는 하느님[54]으로 옛날의 先人이 제사와 기원의 대상이 되었던 外在的 하느님을 인간의 心性界로 맞아 모실 수 있고, 사람인 死者로써 영혼을 천당, 극락에서 보내는 하느님이 아니고 사람이 살아서 氣化함으로써 오래 살게 하는 하느님이다.

나) 나와 대화하실 수 있는 하느님[55] 하느님의 말이 일방통행이 아니라 서로 묻고 대답할 수 있는 하느님으로 보았다.

다) 至氣의 하느님[56] 고대의 선인들의 하느님은 빛과 熱을 준다고 했는데, 孔子는 天을 至善, 運命으로 孟子는 義理, 荀子는 理로 보았는데, 水雲은 지극한 氣의 靈的으로 보아 이것을 불가사의한 종교적 대상인 하느님이라 하였다.

라) 인간, 인격적인 하느님[57]으로 부모와 같이 모시고 서로 대화를 할 수 있는 인간으로서 인격성을 띠고 멀리, 높이 계시는 무서운 존재가 아니요 가까이 내 몸 안에 모실 수 있어 친애스러운 존재이면서 비존재이다.

마) 느낄 수 있는 하느님으로[58] 수운의 하느님은 우리가 감각할 수도 없고, 인식할 수도 없지만 다만 느낄 수 있다.
다시 말하면 감각이나 사유의 대상이 아니요, 다만 느낌의 대상이다. 理와 氣化의 하느님이 아니고 느낄 수 있으며, 그 방법으로 守心, 正氣, 率性함으로써 默默한 가운데 그의 啓示의 가르침을 받을 수 있다.

바) 하느님은 유일신이요, 조화의 신이다[59]는 것이다. 하느님은 至氣 즉 渾元一氣의 신이다. 사람이 守心正氣하여 이 하느님은 나의

내적 세계로 맞아들이어 모시고 있으면 안으로는 신령이 계시고, 밖으로는 氣化가 있게 되어 천지의 덕과 합하여 성인의 경지에 도달하게 된다.

창조의 신은 의지적이요, Logos적이요, 또 천지만물을 直接攝理하지만 水雲은 하느님은 기운(氣)로써 직접하는 것이 없이 천지만물은 저절로 조화케 하는 신이다.

2) 敎理 : 天人合一

수운은 하느님께서 내 마음이 곧 내마음이다[60]라고 한 것은 신의 마음이 곧 사람의 마음(天心則人心)으로 수운의 마음이 天主의 뜻에 의하여 사람의 마음에 전해진다는 것을 의미한 것이다. 고로 천인합일이라고 하겠다.

天과 人이 같으므로 사람의 마음이 하늘로 연결되는 人乃天으로 동학사상의 근본을 이루게 되었다. 수운은 天主를 위대한 인간정신과 동일시함으로써 개인의 사회적 관계에 있어서 새로운 도덕으로 이상사회를 세우려고 하였다. 그리하여 동학의 뜻이 퍼질 때 사회가 이상화되고 하늘의 뜻대로 된다는 것이다.

3) 布德方法

가) 自我心性姿勢 : 守心正氣

水雲은 時亨에게 동학의 道通을 전수함에 있어서 四時之序에 成功者는 守心正氣를 간직하라고 하였다.[61] 이 守心正氣는 자신이 更定한 것이요, 仁義禮智는 선현의 孔子의 仁, 맹자의 仁義禮智로 가르침이라고 하였다.[62]

守心正氣란 마음을 살피고 氣의 偏을 바로잡아 본심을 지키는 면은 총명이 저절로 발로되고 천지의 生生化靑을 깨달을 것이다.[63]

守心은 孟子에서 正氣는 老子에서 나왔다고 보아지며, 守心正氣는 敬天命인 天賦의 성질을 쫓아서 천지의 생성, 調和의 理를 깨닫고, 이에 순응(順天理)하는 所以가 君子가 된다는 것이다.

하느님의 도를 내 마음 안에 체득하는 방법은 무엇일까?

사람의 내적 세계에는 신령이 있고, 외적세계에는 氣化가 있어 이 氣 때문에 신령은 곧 우리의 마음이요, 氣化는 천지의 神明, 즉 우주정신이다.

이로 볼 때 水雲은 마음을 지키어 기운을 바르게(守心正氣)한다고 하였다. 이로 볼 때 조선적 종교의 총화에 의해 이루어졌다고 볼 수 있겠다.

나) 對外心性姿勢 : 誠敬信

수운의 상대적 가치로 성실과 공경과 신앙이다.

그는 나의 道는 盡心에 博厚하지만 簡約하니 도리는 誠·敬·信이라고 말했다.[64] 誠字는 『孟子』의 盡心에 성실하면 즐거움이라고 하였고,[65] 『중용』에서는 天道는 人道며 감동시킬 수 있다고[66] 하였다.

『대학』에서는 마음을 바르게 하려고 하는 이는 먼저 뜻을 성실하게 하여야 한다[67] 고 하였다. 수운은 성실하게 하느님을 위하여 사람은 매양 百中하고 이렇게 하면 효험이 있다고 했다.[68] 하느님을 위하여 나를 위하여 마음과 몸이 성실해야 보람이 있다는 것이다.

敬은 程朱學에서 修養方法의 하나로써 그것은 持敬과 致知가 서로 기다려서야 비로소 豁然貫通의 境地에 도달할 수 있다고 하였다. 敬은 내적으로 통하고 義로 외적인 方으로 합치된 것이 道라고 하였다. 程伊川은 敬은 主一無適이라 하였다.

하느님을 사모하고 신앙하는 것 이상이 恭이라 하였다.[69] 水雲의 誠·敬의 관념은 誠은 하느님을 위하는 것이고, 敬은 하느님을 공경하는 것이라고 하겠다. 信은 誠과 信은 그 法則 멀지 않다.[70]

하느님을 본받으면 성실성이 있고, 성실성이 있으면 마음이 생긴다. 하느님을 지극히 위하는 마음씨를 가지고 공경하는 태도를 가지면 필연적으로 신앙심이 생긴다. 이것이 동학의 참다운 敎人이 되는 것이라고 할 수 있을 것이다.

라. 標榜

1) 輔國安民

수운은 서양이 서학인 천주교로써 전통윤리를 깨트리고 화력으로 중국을 침략하여 조선이 곧 핍박을 당하게 생겼으며 과거 일본의 침입으로 倭를 경계해야 한다는 표방으로 보국안민을 내세우게 되었는데, 하느님이 내몸 내서 我國 運數 保全하네,[71] 라고 하여 수운은 하느님의 뜻을 자기만 받은 自信感과 깊은 사명으로 구체화하려고 하였던 것이다.

서양에 대적하기 위하여 「劍歌」에서 만세의 대장부로써 5만년 시절에 龍泉劍을 이때에 쓰자고 하였다.[72]

2) 廣濟蒼生

광제창생은 勢道政治로 인한 三政의 문란과 사회의 부패, 그리고

儒・佛教의 타락속에서 신음하는 蒼生을 구하기 위하여는 자기의 德, 즉 동학, 天道를 천하에 펼쳐야 한다는 것이다.

즉 광제창생을 위하여는 병든 백성을 구하여 오래 살게 하고 마음은 하느님께 빌어 마음을 의지하게 하는 至氣로써 天主와 통하는 呪子를 외게 하였다. 이로써 사회에 布德하려 하였다.

3) 靈符

수운은 득도할 때에 종교적 체험을 하여 하느님께서 말하기를 나로부터 이 영부를 받아 사람들을 질병으로부터 구해 주어라고[73] 하였다고 한다. 여기에서 仙藥은 白紙에 그려진 靈符로써 "弓乙"로 太極, "弓弓"으로 득도할 때 降筆로 그려진 도형이다.[74]

弓乙을 一大之法, 一大之道라고 天爲弓乙로 弓과 牙로 無極을 의미한다고 하였다.[75] 東은 弓, 西는 乙을 鳥를 의미한다.

『夢中老少問答歌』에 괴이한 東國讖書에 의해 사람들이 '弓'을 찾으려 하는데 불사의 묘약이 자기 몸속에 있는 것을 모르고 허둥대는 것이 궁궁이요, 궁궁은 자기 마음에 지나지 않는 것인데 이해하지 못하고 있으며, 또한 그것은 아무에게나 효력이 나는 것은 아니고, 지성으로 하느님을 위하는 자에게 있다는 것이지 금수의 몸에는 효과가 없다는 것이다.[76]

그리하여 龜・龍자를 써서 주었다[77]고 하였고, 또한 수운의 제자들이 동학에 들어간 동기가 濟病에 있었다는[78] 것을 보아도 알 수가 있다. 당시에 심한 기아와 질병이 유행하던 시대에 동학을 창도하기 위한 요건이 필요했을 것이다.

4) 呪文

주문은 비밀히 빈다는 것으로써 유교에서는 祖上神에 나의 뜻을 고하는 것을 祝文이라 하고, 불교에서는 涅槃을 깨닫게 하는 妙力을 간직한 것을 陀羅尼藏으로 漢字로 번역하여서 呪文이라 한다. 基督敎에서는 하느님께 나의 지은 죄를 赦해 달라고 비는 것을 祈禱文이라고 한다.

동학에서는 하느님의 지극한 至氣가 나의 몸에 내려오기를 기원하는 것을 呪文이라고[79] 하였다. 수운은 주문을 받아서 사람들을 가르쳐 나를 위하게 하면 너도 長生하여 천하에 포덕할 것이다.[80] 또한 道를 닦는 절차와 방법으로 말하면 二十一字(呪文)가 으뜸이다.[81] 포덕문에서는 가슴속에 불사약을 품고 있는데 그 모양은 弓乙이요 입으로 長生의 주문을 외우는데 그것은 二十一字다.[82]

여기서 주문은 先生呪文[83], 弟子初學 呪文[84], 弟子本呪文[85], 信徒呪文[86]으로 되어있는 21자는 先生呪文과 弟子呪文으로 되어 있다.

그런데 주문을 보면 먼저 身口를 精潔케 하고 처음에 13字呪, 다음에 8字呪, 다음에 13字呪의 순서로 주문을 외운다[87] 고 하였다. 그럼 당시에 13, 8, 13字呪는 어떤 주문이었는가는 徐憲淳狀啓의 福述招에는 "爲天主顧我淸永世不忘萬事宜"라 하였고, 退吏 李乃謙招에는 "至氣今至顧爲大降"과 "爲天主顧我誠永施不忘萬事知"로 세 종류의 주문이 있다.[88]

그러나 천도교의 『동경대전』에 주문은 初學呪文과 降靈呪文 그리고 本呪文으로 되어 있다.[89] 두 주문은 같은데 이는 후세 수정한 것이 아닌가 하며 "朝鮮記事午未年錄"에 주문중에 "侍天主造化定永世不忘萬事至(知)"와 "至以(定)今至顧爲大降"은 북접에서 남접은 "奉事上帝造化定無窮萬事至"라고 하였다.[90] 이로 볼 때 本呪文은 지역과 시대에 따라 여러 주문 가운데서 『동경대전』에 기록되었다고 하겠다.

마. 東學思想의 分類

1) 平等思想

당시의 조선사회는 양반이 지배하는 계급사회로서 엄격한 신분제가 유지되는 불평등 사회였다. 이러한 사회에 평등사상을 표방하는 西學이 들어왔고, 서학의 영향을 받아 동학에서도 인권존중과 계급타파를 부르짖으며 평등사상으로 신분차별을 없애려고 하였다.

이 평등사상을 「論學文」에서는 天心則人心이라고 하여[91] 사람의 마음이 하늘의 뜻이라고 보고 있다. 사람의 마음은 선하나 악하게 마음먹기 때문에 악한 것이지, 결코 악한 것이 아니며, 天心과 人心을 같은 것으로 보아 내 마음의 너의 마음이라고[92] 하였고, 나만 못한 재질이 누가 있겠느냐[93]고 하여 인간을 동등하게 보아서 인격을 존중하고, 인생을 평등하게 나타내었다.

최제우는 인간평등사상을 인성은 동등하고 본질적으로 다른 것이 아니므로 氣의 偏倚를 바로잡고 本心을 지켜서(守心正氣), 天賦의 성질을 쫓으면(敬天命) 자연히 천지의 음양에 의한 생성조화의 理를 깨닫고, 이에 參贊할 수 있다는 데에서 天命之性으로 보았다.

또한 그는 군자 즉 훌륭한 덕망 있는 사람은 문벌과 지식만으로 군자가 되는 것이 아니라고 하여[94], 동학의 사상에 의하여 행동할 수 있는 사람이 道人이 되는 것, 즉 입도하므로써 세상사람은 그날부터 군자가 된다고[95] 하였다.

사회적 지위인 상하, 존비, 귀천의 신분적 차별을 타파하기 위하여 庶人도 입도하므로 부귀를 누릴수 있다고 하였다.[96] 동학의 평등사상은 제우가 그의 두 女婢를 해방하여 하나는 양녀로 삼고, 하나는 子婦로

삼았던 데에서도 그 일말을 찾아볼 수 있다.[97]

『백범일지』에 의하면 兩班族中에서도 교인된 자들은 빈부귀천의 차별 없고 평등으로 대접하였다고 하였으며, 또한 백범 자신은 '종놈된 한이' 골수에 사무친 자신으로서는 평등사회가 고마웠다고 하였다.[98]

이로 볼 때 동학사상은 평등사회로 인권을 존중하여 신분사회를 타파하는 반봉건적 사상으로 표현된 것으로 하겠다.

2) 輔國安民思想

조선은 세도정치로 양반사회가 분화되면서 몰락한 양반의 일부가 실제로 생업에 참여하였고, 농업 경제체제가 붕괴되면서 더욱 화폐경제와 공업이 확대되고 상품공업이 촉진되어 가는 과정에서 일본의 강요에 의한 개항으로 기형적인 근대화가 급속도로 시작되었다.

세도정치로 인한 지배계층의 문란은 사회불안을 증대시켰고 국지적이지만 민란이 자주 일어났는데다가 서학으로 지칭된 천주교가 확대되고, 서양과 일본의 군사적 위협으로 국가는 위기 속에서 대책 없이 있을 때 동학은 국가와 민족을 위하여 보국안민을 제창하고 나섰다.

동학의 내용은 민속신앙을 정신적 지주로 삼아 유교적 사상을 바탕으로 道學的으로 행동하게 하여 天의 신앙과 靈性을 부여하여 구원의 소우주를 제시하였던 것으로 보국안민을 외치기 된 것이다.

「포덕문」에서 동학이 생기게 된 이유를 서양이 싸우면 이기고 치면 빼앗아 천하를 멸망시키면 보국안민할 계책을 장차 어떻게 할 것인가[99] 하는 데서 이를 막기 위하여 동학이 나오게 된 이유라고 하고 있다.

「논학문」에서도 서양인은 道成之德하여 조화가 있어 못하는 것이 없고, 싸움에 앞서 당할 사람이 없으니, 중국이 망하게 되면 우리 나라도 같은 운명에 위험이 어찌 없을 것인가[100]라고 반문하면서 국가적 위기의 극복이란 보다 고차적 민족적 사명감으로써 국가민족을 보위하기 위하여 좀더 심각하게 고심하다가 天靈의 감응을 받았다고 말하고 있다.

그의 민족보위를 위한 사상을 우리 민족에게 고난을 입혔던 모든 이민족에 대한 배격으로 나타났다.

예컨대 대외적 적개심은 洋夷는 물론 일본으로부터 직접 피해를 입었던 사실을 상기시켜서, 洋倭에 대한 적개심을 고취시키려 했던 것이 그것이며[101], 또 淸이 야기한 胡亂의 비참을 생각하며 反淸으로 洋夷怨讐를 갚아보자고 주장하였던 것이 그것이다.[102]

이와 같이 斥倭洋의 보국안민으로 국가의 민족주의적 감정에 호소하여 광범한 국민적 反意를 얻고자 하였던 것이며 이러한 보국안민의 실천을 위해 그는 「劍歌」에서 "萬世一之大夫로서 五萬年之時呼에 龍泉劍 드는 칼을 아니 쓰고 무엇하리" 하였다.[103]

결국 그의 보국안민사상은 외세의 무력에 대하여는 무력인 칼로써 대항하려는 민족적이며 국수주의의 입장에 서 있다고 하겠다.

3) 廣濟思想

19세기 후엽 조선의 門戶가 개방되어 외국인의 출입과 교역이 빈번해지면서 외국인을 따라 유행성 전염병이 들어와서 1860년에는 괴질이 성행하여 많은 사람이 죽었고, 질병의 유행으로 인하여 과거시험일자까지 연기하게 되는 등 사회적 혼란이 심하였다.[104]

당시의 이러한 상황을 제우는 十二諸國怪疾運數라고[105] 하였고, 또한 「권학가」에서는 삼년간 괴질이 있는데 입도하여 敬天守心하면 죽을 염려가 없다고 제시하여[106] 그에 대한 방법으로 조선은 天主로부터 靈符인 弓乙符籍의 仙藥을 받아서 이를 燒飮하면 萬疾統治의 靈效가 있다고[107] 하였다.

이와 같은 제우의 醫巫的治病활동[108]은 초기동학의 중요한 포교수단이 되었으며, 이러한 치병으로 제우는 1862년 9월에 慶州獄에 捕囚된 일이 있었으나, 수백 명의 신도가 몰려와 석방을 요구하므로 출옥한 일이 있었다.

弓乙符籍으로 治病이 되자 入道하는 자가 많아졌으며, 官에 체포되어 문초를 당한 교도들의 공초내용을 보아도 入敎動機가 治病에 있었다고 이구동성으로 말하고 있다.[109]

제우는 샤마니즘적으로 질병을 귀신의 탓으로 돌리어 귀신에 供物을 올리고 제사를 거행하여 慰撫함으로써 치유하려 하였다.

이와 같이 동학이 질병으로 신음하는 병자들을 무속적인 방법으로 치유하여 줌으로써 백성들을 동학으로 유도하고 이들에게 포덕을 통하여 동학이 지향하는 도덕적인 길을 사회에 전파하게 하려 하였다. 이러한 靈符의 治病으로 동학이 널리 전파될 수 있었던 것은 내일을 모르는 백성들이 현실을 타개하고자 하나 자신의 힘으로는 되지 않으므로 무기력한 자기를 한탄하면서 어떤 超人的인 靈力造化에 의지하려고 하는 저들의 갈급한 소망에 부응할 수 있었기 때문이다. 질병으로 고통받는 자들의 요망을 외면하게되면 스스로 민중신앙을 외면하는 것이기 때문에, 제우는 세상에 유행되는 惡疾의 고통으로부터 免病을 구하고자 하는 자에게 不順道德하면 仙藥이 효험이 없다고 하여 天主를 모시고 성심껏 敬天하는 마음으로 수도하면서 靈符로 치료하면 怪疾을 면할 수 있다고 하여 民度에 맞는 講道를 하므로 동학에 귀의하게 하였다.

4) 開闢革命思想

동학의 주류사상은 人乃天으로 後天開闢思想이다. 이 後天의 세상을 개벽해야 할 이유를 제우는 먼저 세상을 구분하기를 東學唱道 이전까지는 先天世上으로 보았고, 동학창도 이후를 후천의 세상이라 보았다. 또 시대를 구분하기를 現代의 세대는 각자가 제 마음대로 하여 천리에 순응하지 않고 천명을 돌아보지 아니하는 시대라는 것이다.[110] 현대가 그렇다 할 때 고대는 어리석은 백성들이 하늘의 혜택을 알지 못하는 시대였고, 중고시대는 五帝 이후 성인이 나서 천명을 공경하고 天理를 따르는 시대라는 것이다.[111]

이러한 시대의 변화속에 조선에 無極大道가 열려 태평성세가 열리는 時運을 맞이하게 된다면서, 그것은 지금이 十二諸國怪疾運數시대로 다시 개벽이 일어난다고[112]하여 인류사상에 천재지변으로 인한 凶作과 질병의 대재난을 겪고 있지만 陰陽循環으로 革天命하여 개벽되는 堯舜聖世가 된다는 것이다.

이돈화는 「人乃天要義」에서 당시의 사회에는 3가지 질병 즉 신체적, 정신적, 사회적 질병 등을 구제하는 것이 廣濟疾病인데 이것을 고쳐 바로잡는 것이 後天開闢이라는 것이다.[113]

이 개벽사상은 인간이 개벽하면 사회가 개벽되어 보국안민으로 지상천국의 이상향을 건설할 수가 있다는 것이다.

그는 동학에서의 개벽이란 人間開闢이 실현됨으로써 지상천국을 실현시키려고 한 것이라고 하였고[114], 이것은 기독교의 주기도문의 기도의 뜻과 같다고 보겠다.[115]

오지영은 개벽의 의미를 先天의 잘못을 개벽하여 인류가 인류 노릇 할 만한 그날까지 이어가기를 목적하는 것이라고 하였다.[116] 이현희는 개벽이란 혁명에 중점을 둔 혁명사상이다[117]라고 하였다.

　제우는 하느님의 뜻을 받아서 행하는 것을 천도라 하고, 사람이 하느님을 지극히 모시는 것을 포덕이라 하여 포덕을 통하여 사회를 교화하는 것을 後天開闢이라고 볼 때, 결국 수운의 사상은 낡은 사회질서를 포덕으로 개벽하여 개인을 해방하여 봉건사회를 무너뜨리고 미래의 지상천국의 이상을 실현하자는 궁극적인 목표를 세우고 있는 것으로 보아야 할 것이다.

5. 崔時亨의 敎化運動

가. 崔時亨의 生涯와 布德

　최시형은 개명한 이름으로 본명을 慶翔이고, 호는 海月이며, 字는 敬悟이다. 1829년 경주 동천 황오리에서 태어났다. 아버지는 宗秀이고, 어머니는 裵氏로 12세에 孤獨一身이 되어 생계를 親族에 의지하며, 17세에 造紙所에 들어가 겨우 생계를 유지할 수 있었으며, 19세에 月城 孫氏(?~1889)와 결혼하였고, 동네사람들이 公廉有威함으로 執綱을 맡아보아 덕을 베풀어 인심을 얻었고, 35세 때에 道를 이어 받았다.[118]

동학 2대 교주 해월 최시형의
처형직전 모습(1898년)

　시형이 동학의 도를 받게 된 것은 수운으로부터 道를 배웠는데, 제우는 心法을 받은 자 중에서 후계자를 고르기 위해 시험하고자 숨었는데, 시형이 찾아와서 수운이 어찌 알고 왔느냐하니 自然感覺하였다고 말하니, 제우는 天理의 정한바라 하며 靈이 통하기 때문이라고 하여 道覺을 계승토록 한 것이라 하였다.[119]

제우는 시형에게 高飛遠走라는 四字를 주었으며, 한편으로 인편에 임종에 이르러 天運이 임하였으니, 天職을 위하여 禍를 피하라는 뜻의 命敎를 주었다. 최제우가 사형이 언도되자 수제자인 최시형의 소재를 추궁한다는 소식을 전해듣고 1월 21일에 金春發을 대동하고 安東쪽으로 피신하였다[120]. 안동접주 李武中을 우연히 만나 그의 주선으로 은신하였다.[121]

1865년 3월에 英陽郡 龍化洞 산중에서 신도들과 같이 지내는데 7월에 尙州 東觀音寺에 있던 최제우의 부인 박씨가 뜻밖에 가족을 이끌고 찾아와서 자신이 살던 집을 비워주고 아랫마을로 이사를 하였다.[122] 그리고 수운의 탄신 기념일인 10월 28일에 고향 건곡에서 제례를 올렸고[123], 수운의 3년상 忌祭인 1886년 3월 10일에는 龍化洞 윗대치에서 尙州 도인 黃文奎, 韓振祐, 黃汝章, 金文汝 등이 참여한 가운데 많은 도인이 모여 제례를 지내었다.[124]

시형은 포교하기 위하여 태백산중에 숨었다. 시형은 이로부터 平海郡에 이거하기 시작하여 1864년부터 1874년까지 11년간에 걸쳐 14회나 이거 하였고, 1875년부터 1893년까지 18년간 31회에 걸쳐 도피 내지는 이주하여 30년간 45회 이상 거처를 옮기어 자신을 보호하면서 도를 전도하기 위하여 피나는 고생을 하였다.

그는 19년간에 걸쳐 포덕을 위한 巡廻降話와 祭式, 記念式을 통한 포교운동을 26회나 하였다.[125]

1880년 인제군 남면 갑둔리 金顯洙 집에서 간행소를 설치하고 한달 만인 6월 14일 『東經大全』 100부를 출간하였고, 1881년 6월에는 丹陽郡

南面 泉洞 呂圭德의 집에서 『龍潭遺詞』를 간행하였다.

『동경대전』은 1883년 木川版이나, 1888년 무자판을 중간하였으며, 1883년 2월에 木川面 伏龜亭 金鏞熙가 癸未版으로 『동경대전』과 『용담유사』를 100부씩 간행하였으며, 6월에는 湖兩接과 東萊接이 慶州版으로 간행하였다.

나. 崔時亨의 사상과 포교활동

최제우의 동학을 이어받은 최시형은 은식속에서도 제우의 뜻을 전하는데 노력하였으며, 그 뜻을 풀이하였고 또한 자신의 生活實踐要綱을 만들었는데, 동학의 守心正氣를 기본정신으로 하여 1865년 고향 검곡에서 수운의 탄신기념제인 10월 28일에 人은 곧 天이라 人은 평등하며 차별이 없으니 人爲로써 貴賤의 차별을 철폐하라고 스승의 본뜻에 따르도록 하였고[126] 그리하여 도를 포덕할 때 事人如天이란 말을 주로 하였으며, 天은 곧 我이며, 我는 곧 天이라 하였다.[127]

1866년 3월 10일 수운의 3년상 忌祭때에 龍化洞 윗대치에서 상주 도인과 제례를 올린 후 嫡庶의 차별을 철폐하라 하여[128] 大同의 平等을 실천하라고 하였다.

1891년 9월 청주 서택순의 주선으로 鎭川郡 草平面 龍山里 金城洞에 이사하여, 10월에 臨事實踐 10개 條項

一曰 明倫理, 二曰 守信義, 三曰 勤業務, 四曰 臨事至公, 五曰 貧窮相恤, 六曰 男女嚴別, 七曰 重禮法, 八曰 正淵源, 九曰 講眞理, 十曰 禁淆雜의 通諭十條를 발송하였다.[129]

그리고 1891년 11월에 慶尙道 金山郡 龜城面 龍伏里 伏虎洞 金昌駿 집에서 內則과 內修道文을 직접 지어 반포하였다.

1. 잘 때에 잡니다라고 고하라.
2. 먹던밥 새밥에 섞지 말고
3. 조석할 때 새물 길어다가 쌀 다섯 번 씻어 극진히 하라.
4. 일볼 때 무슨 볼일 있다고 고하라.
5. 금이난 그릇에 먹지 말라고 하였다.[130]

이와 같이 婦女子나 保健에 대한 생활실천 사항을 내리었다.

또한 수운이 동학을 창도할 때 봉건적 계급을 부정하고 내리었다. 새로운 사회질서와 인간관계의 필요성으로 개벽사상을 주장하였던 것은 인간성 회복과 평등, 인격적 의식으로 봉건적 상하의 지배관계와 여성, 아동의 억압에서 해방을 욕구 하였기에 억압은 신도가 모였던 것이다.

수운의 侍天主사상을 海月은 발전시키어 養天主라 하여 사람이 태어날 때 한울님을 모신다고 하여 마음이 곧 한울이요 한울이 곧 마음이라 하였으며[131] 또한 한울을 養할줄 아는 자라야 한울을 모실 줄 안다고 하였다.[132]

그리고 사람과 물건을 대할 때에 待人接物에서 나도 다른 마음이 생길 수 있으나, 그렇지 못한 것은 한울님을 내 마음에 양하지 못함을 두려움에 있다고 하였으며[133], 道家에 사람이 오거든 한울님이 강림하였다고 말하라고 하였다.[134]

인간자체의 존경하여 人是天이며 事人如天이라고 생각하고 실천하려고 하였다.

다. 組織과 敎化運動

수운이 동학의 도를 세웠다고 하면 시형은 동학을 조직하여 포교하였다고 하겠다. 시형은 제우의 49일제 기도와 誕辰祭禮를 행하여 道祖로 모시었으며, 자신은 致誠과 工夫에 열중하여 동학의 교리를 설교하였다.

그는 주로 事人如天과 인류평등으로 적서차별 폐지를 설교하므로 도인의 신심을 고취하게 하였다. 그리고 그 자신이 체포되지 않고 不死鳥와 같이 존재하므로 神師로써 존경의 대상이 되고, 수운의 靈을 받았다고 신도들이 따랐다. 한편 시형은 수운이 저작한 『동경대전』과 『용담유사』를 동학의 경전으로 간행하여 포덕을 위하여 각접에 도인을 보냈다.

시형은 수운이 처형당한 후 16~17년간 추적을 피하기 위해 은둔하거나 이주하면서 그는 늘 道를 강조하는데 敎勢가 확대됨에 따라서 경전의 간행이 필연적으로 요청되었다.

당시 교주의 처형과 교인이 박해를 당하므로 필사본이었던 경전 일부는 소실되거나 금서로써 압수 당하여 분서되었으므로 정리된 경전은 없었고, 『용담유사』는 구전으로 불리던 것을 정리하였다. 이런 경전은 시형에 의하여 보관(별명: 최보따리)되거나 암송에 의하여 글을 아는 도인에 의하여 정리되어서 간행된 것이다.

『동경대전』은 1880년 강원도 麟蹄郡 甲遁里 金顯洙의 집에 간행소를 설치하여 6월 15일 개간하였다. 그리고 『용담유사』는 1881년 6월에 丹陽郡 南面 泉洞 呂圭德의 집에서 개간되어 도인들에게 분급하였다. 또한 1883년 2월에 忠淸道 木川郡 區內里 金殷卿의 집에서 『동경대전』 1000여부를 발간하여 각 포에 나누어주었다.[135]

『동경대전』은 포덕문, 논학문 등으로 3,700 여자이고, 『용담유사』는 8편인데 가사로 되어 부르도록 902절로 되었다. 『동경대전』은 교리이며 한문으로 된 論說體이고, 『용담유사』는 교리를 가사체로 노래 부르도록 되어 있다.

시형의 公衆 保健衛生과 社會道德倫理의 측면을 보면은 1889년 內修道文 9개항을 지었는데, 이중 4개항이 공중보건위생에 관한 것으로서[136] 일반 부인에 領布한 것은 이 수도의 근본이 부인에 있는 것이라 하였다.[137] 도덕윤리의 사회법도에 通喩文 10조를 지어서[138] 도인은 한 마음으로 지키라고 하였다.

시형은 사람이 신체적 고통, 즉 질병으로부터 탈피키 위하여 공중보건위생을 지키도록 하여 수운의 靈符보다는 과학적인 환경위생의 방법을 제시하여 부인들에게 분포토록 하였고, 또 도인이 잘 지켜서 사회도덕을 밝힐 수 있게 준칙을 제정하여 교화하도록 하였다.

이러한 사항은 禁祠나 기념식 때에 降話로써 동학의 교리를 강론하면서 몸소 실천하고 행동하도록 하여 포교활동을 하였다.

敎門의 조직을 보면, 創道 3년인 1862년 12월에 각처에 접소를 두었는데, 1863년 7월에는 北接主를 해월로 정하였다.[139]

처음 교단은 13개소에 설치하였고[140], 접소는 교조의 처형 후에도 시형에 의하여 敎區統轄과 各接과의 연락이 유지되었으며, 太·小백산을 무대로 비밀리에 敎脈을 유지하여 1878년 11월에 旌善 劉時憲의 집에서 接所의 설치 규정을 발표하고 처음으로 開接講道로 "侍"자의 뜻을 설명하였다.

이 접소는 오늘날 敎區制와 같은 것으로 「接,(包)制」로써 쓰이나 接과 包는 차이가 있다고 한다.[141]

1884년 12월에는 각접에 '六任制'[142]를 두었으며, 동학을 실천하기 위하여 敎祖伸寃運動을 전개하게 하였다.

라. 伸寃運動展開

1) 李弼濟事件

천도교에서는 이를 辛未事變이라고 하는데『천도교서』에서는 李弼事件이라고 하였고, "辛未逆賊弼濟, 岐鉉等鞫案"에서는 弼濟라고 기록하고 있다.

이필제는 시형에게 와서 일찍 제우의 문하에 입도하여 포덕에 종사하다가 제우가 遭難당한 후 관헌의 눈을 피하다가 시형의 소문을 듣고 그에게 찾아가서 "寃을 펴고자 했으나 기회를 얻지 못했으니 좋은 방침과 지도를 해달라"로 했으나, 시형은 좋은 말로 알아듣게 해서 보냈다고 한다.[143] 그 뒤에 찾아와서 만났으나 후일을 기다리라고 하였더니 聞慶에 돌아가 寧海, 盈德, 尙州 등 列邑 道人에게 글을 보내어 조난한 寃을 펼치겠으니 대선생(교조인 제우)을 위하는 자이거든 천명을 어기지 말고 3월 10일을 期하여 문경으로 모여라 하여 500여 명이 모이자 聞慶府中을[144] 침입하여 군기를 탈취하고, 府使등을 斬刑에 처하고 상주를 습격하고, 또 문경읍을 습격하다가 역습당하여 참살되었다.[145]

이러한 사건을 볼 때 이필제는 시형을 빙자하였거나 또는 동학도들을 모아서 雪寃을 한다고 내세워서 자신의 목적을 위하여 사건을 만들었는지는 밝혀지지 않고 있지만, 많은 농민과 동학도가 참가하여 수개월에 걸쳐서 일어난 큰 사건임에는 틀림없다고 하겠다.

이 이필제사건을 시초로 하여 동학의 신원운동이 전개되었다.

2) 參禮集會

동학도들이 신원운동을 전개한 이유는 동학이 박해를 조정에서 비록 받고 있지만 교조인 최제우을 신원함으로서 동학의 종교성을 인정받아 자유로운 포교활동을 하자는 것으로 이해된다.

오지영은 『동학사』에서 동학도들이 전라, 충청 양도에 깊이 퍼져 있는데, 이것은 國事가 날로 틀려 가는 한편 백성들은 날로 亡國歌를 부르면서, 동학으로 쫓아 들어옴으로 貪暴한 관리들은 東學黨이라 하며 잡아가 생명과 재산을 빼앗아감으로 앉아서 바로 볼 수만 없다는[146] 사회의 세태 속에서 동학은 改革하고자 立義文을 발표하기를 儒·佛·道 교가 중국의 천하를 사천년간 교화한데서 비롯하여 삼교를 통일하여 전수한 것으로 포덕하고자 하니 신원해 주면 도인들은 수도를 더욱 하겠다는 것이며[147] 또한 서학이 아닌데 邪學이라 하여 胥吏, 軍校, 鄕奸, 土豪가 不當誅求하므로 모이자고[148]하였으며, 당시에 揭書한 내용중에는 敎堂의 설치를 허가해 달라고 하였다.[149] 이러한 동학들의 주장에 全羅監司 李耕植은 말하기를 동학은 조정에서 금하는 것이고, 관속에게 금단을 빙자하여 錢財를 탈취하거나 인명을 상해함이 없도록 하겠다고 하였다.[150]

이와 같이 동학이 신원운동으로 생명과 재산은 보호받게 되었으나 이보다도 신원운동이 구체적이고 표면적으로 퍼지게 된 것은 『鄭鑑錄』의 기록에 서남쪽으로부터 대변혁이 있을 것이라고 한 것과[151] 당시에 천주교와 기독교는 포교가 묵시적으로 종교활동을 하고[152] 있음에도 불구하고 동학은 계속 탄압되고 있었으므로 신원운동을 통하여 종교활동을 인정받고자 한 것이었다.

이와 같이 동학도들은 천주교, 기독교의 자극을 받아서 동학은 포교운동을 지하로부터 표면화시키려고 하였으며, 신원운동으로 종교활동이 동학교도들에게는 활력소가 되었고, 백성들도 신원운동에 동조하게 되자 조정에서는 이를 진압하고자 하였으나 신원운동의 거센 물결은 날로 치열해져 사회적 불안이 날로 증대하여 갔다.

3) 光化門 伏閤 上疏

동학도들은 삼례집회에서 신원운동이 허락되지 아니하자 서울에 상경하여 신원을 청원하기로 결정하고 都所를 보은장내로 하였다. 동학도들의 의견을 종합하여 정해진 복합상소 거사의 내용을 보면 朴光浩를 疏首로 하고, 먼저 徐丙鶴을 상경시켜 都所를 서울 南署南小洞 崔昌漢 집으로 정하고 준비를 하도록 하였다.

1893년 2월 8일에 도인들을 科儒로 분장시켜서 상경하도록 하고 도소에 參礼集會한 연후에 2월 11일에 景福宮 光化門前에서 40여 명이 封章을 받들고 사을 밤낮을 호소하였는데, 이들의 상소 내용은 동학의 道理와 伸寃의 요구를 하였으며, 이어 관리들의 횡포를 규탄하는 것이었다.[153]

이때 조정에서는 교도들에게 각기 생업으로 돌아가라는 말만 하였을 뿐 신원에 대한 언질이 없고, 전라·경상 감사들을 파직시켰다.[154]

이 복합 상소의 내용은 삼례집회의 주장범위를 벗어나지 못하였지만 그 여파는 전에 비해 매우 큰 것으로 나타나 소요를 막지 못한 것에 대한 책임을 물었던 것이다.

이들의 광화문 복합상소는 대외적으로도 심각한 영향을 불러 일으켰다.

동학교도들의 복합상소 직후에 斥洋斥倭를 주장하는 벽보가 각국 공사관과 교회당에 나붙어 사람들을 더욱 놀라게 하였다.

2월 14일 밤에 미국인 기포드 학당의 문에 벽보가 붙은 것을 시작으로 18일에는 미국인 존스의 집에, 20일에는 프랑스 공사관에는 3월 7일까지 철수하지 않으면 성토하겠다는 내용이고[155], 3월 2일에는 일본공사관의 벽에는 "하늘이 이미 너희를 미워하고 우리의 스승이 이미 너희를 경계하라 하였으니, 죽느냐 사느냐는 너희에게 달려있다. 뒤늦게 후회하지 말고 다시 말하노니 급히 너희 나라로 돌아가라."[156]고 위협적 이였다.

위기감 속에서 일본 변리공사 大石正己는 2월 24일에 본국에 군함파견을 요청했고, 일본 정부는 군함 1척을 仁川에 파견했으며, 일본 영사 杉村濬는 2월 27일 서울 거류민들에게 유사시의 행동요령을 시달하였고, 자국 상인들의 영업에 지장을 초래할 것을 염려하여 조선 정부에 강력히 항의하고 엄중한 수사를 요구하였다.[157]

서울에서는 수만 명의 동학도인들이 떼를 지어 외국인 추방을 외치며 상경하고 있다는 소문이 나돌게 되자 영국의 군함 Peacoak호와 독일의 군함 Iltis호가 인천까지 래박하였다가 뜬소문임을 알고 돌아간 일이 있었고[158], 서울의 일본영사관과 외국인 주택가에는 외국인들은 재산을 정리하고 떠나라 그렇지 않으면 그대들의 죄상을 폭로하고 애국의 철갑과 방패로써 쳐부수겠다[159] 고 벽보가 나붙었다.

이렇게 동학당이 洋館에 괘서를 붙여 초 이래만에 구축하겠다는 설 때문에 자못 소요를 이루었다고 하였다.[160] 그리하여 서울에서는 민심은 흉흉하고 들떠 있었고 외국인들은 위압감을 느끼었다.

복합상소를 통하여 동학도들은 신원운동이란 집단행동을 삼남지방으로부터 중앙에까지 확대시켜갔다. 동학도들은 외국인들의 국내활동을 목격하면서 조선의 약체성을 실감하고 새로운 시각에서 사회를 다시 보게 됨으로써 동학의 나갈 방향이 되었다.

이리하여 보은집회에서는 민족주의를 내세우게 되었고, 이것은 동학운동의 성격상의 하나의 전환점을 마련해 준 것이 되었다.

보은집회에서는 그들이 대도소가 있는 보은에 돌아온 뒤 이전의 신원운동과는 다른 차원의 민족주의 운동으로 변신한 것이었다.

4) 報恩 集會

서울 광화문복합상소신원의 합법을 주장하는 운동이 무위로 돌아가게 되자 보은에서는 새로운 방향으로 운동이 전개되었다.

1893년 3월 10일 忠淸道 靑山郡 浦田里 金演國의 집에서 교조 최제우의 遭難享祠를 마친 동학의 간부들에게 諸門徒들이 관리들의 압박으로부터 자신들의 생명을 보전케 해 달라고[161] 건의하자 시형은 전에 시기를 기다리라고 하였으나, 通喩文을 발하여 동학을 위하고 보국안민을 위하여 道徒들에게 보은장내로 모이도록 하였다.[162]

당시 敎區인 接·包에는 각각 대접주가 임명되어 있어 접주가 인솔하여서 모이도록 하였고, 忠義大接主 孫秉熙 등을 비롯하여 대접주만 19명이나 모였다.[163]

보은집회에서 頭領들에게 東學道徒들이 인솔되어 물밀 듯이 운집하였으나 질서있는 상태로서 투지에 불타고 있었다고[164] 하였다.

동학 보은 대도소에서는 三門외에도 괘서를 보은 관아에 통고하였는데, 그 내용은 신원운동이 후퇴하고 동학도가 힘을 합하여 왜양을 파멸하고 義에 크게 보답하자는 것이었다.[165]

이제 동학은 민중과 연결하여 현실적·정치적인 요구를 하게 되었고, 조직을 새로이 강화하면서 장기적이고 지구적인 항쟁의 전비태세를 취하여 갔다.

또한 교도들에게는 통유문을 돌리기를 妖邪를 버리고 宗社를 극복하기 위하여 군자는 본연의 義氣를 克勵하면서 大忠大功으로 국가를 세우고자[166] 하여 종교투쟁으로부터 민족주의를 표방하여 용기있게 일어나서 국가를 건설하자고 애국심을 고취해갔다.

이렇게 하여서 보은에 모인 동학도들은 四方出門을 석축으로 성을 쌓고「斥倭洋倡義」라고 쓴 五色旗를 五方에 세우고 中旗에는 각포명이 쓰여졌고, 小旗는 셀수가 없이 많이 세워져 있었다.[167] 이때에 모인 동학도는 2만 7천여 명 정도였는데[168] 성내가 비좁아 반 정도가 성외에 接別로 집합하여 주문을 암송하고 있었으며, 이 집회에 모인 군중들은 동학도들이라고 하나 실상은 사회에서 버림받은 자들이거나 불만이 가득한 자들이 대부분이었다고 한다.[169]

이와 같은 보은집회가 있는 방면에 金溝에서도 취당의 행동이 있었으니, 당시 全羅道 金溝郡 水流面 院平里(金堤郡 金山面 院平里)에서 1893년 3월 21일 이전에 동학도들이 취회하고 있었다는 것이 신임 全羅監司 金文鉉의 召見에서 나타나 있다.[170] 또 다른 자료에는 호남 취당을 선유하여 퇴산시키기는 일이 근심되어 전라도로 직향하라고 하였는데[171] 그때 금구에 운집한 동학도가 일만 여 명이나 되었다고 보고되었고[172], 원평에서도 도회하였는데 여기에서 모인 1만 여 명이 보은에 몰려간다고 하였다.[173] 호남취당은 보은 집회의 다른 점은 發文揭榜하는 행동으로 나타난 점이다.[174]

이와 같이 보은과 금구에서 취회가 있자 조정에서는 3월 29일 東學宣諭에 의한 綸音이[175] 兩湖宣撫使에게 내림과 아울러 親軍壯禦營正領 洪啓薰에게 명하여 舊式 機關砲 3문을 갖추어 600명의 軍隊를 淸州牧에 馳走하게 하였다. 한편으로 宣撫使 魚允中은 淸州營將, 報恩郡守, 忠淸兵營軍官등을 대동하여 군사 100여 명을 거느리고 보은 장내의 동학도회소에 이르러 윤음을 反覆宣諭한 후 3일 이내에 퇴산할 것을 명하므로 동학지도층에서는 드디어 수락하면서 外夷의 恣行과 지방관의 탐학을 말하고 前忠淸監司, 前營將의 동학도도에 대한 無辜濫殺과 民財橫奪이 심했던 사실을 호소하였는데, 이에 어윤중은 '관리의 貪虐殺掠은 반드시 엄징하리니 돌아가 安業하라' 조정에 보고하겠다고[176] 하므로 3월 30일에 소수의 北接系道徒가 철수하고 頭領崔道主(時亨), 徐丙鶴은 4월 2일 밤에 떠났으며, 4월 3일에 南接系 등 대부분이 철수하였는데 사족으로 입도한 두령들은 왕의 윤음을 받자 감읍하면서 퇴산하였다. 이러한 동학의 집회운동을 외국민회에 까지 비유하였던 것이다.[177]

보은 집회가 가진 성격을 볼 때에 사상과 행동의 한계성을 말하여 주었으며, 이 집회를 현대의 민주적 민권운동의 민회로까지 불려고 하는 의견도 있다. 이로써 동학도들은 斥洋·倭의 명제를 내세워서 삼례집회, 광화문복합상소의 종교적 성향을 벗어나서 현실적인 세혹화 과정으로 전환해 가고 있다고 하겠다.

마. 天道敎로 계승

동학은 갑오동학농민혁명운동 이후 제 3대 교주였던 孫秉熙에 의하여 주류를 이루던 동학교인이 天道敎라고 1905년 개편되었다. 동학혁명운동으로 그치자 조정에서의 탄압으로 동학으로 포덕할 수가 없기에 손병희는 1898년 7월에 崔時亨이 체포되어 처형된 후로 새로운 진로인 동학사상에 근대 문명을 결합시키고자 하였다.

1901년에 日本으로 외유한 손병희는 표면적으로는 조정의 탄압을 피하고자 친일적이면서 근대 문명접촉을 위한 외유의 뜻도 있었던 것이다.[178]

그의 三戰論인 道戰, 財戰, 言戰은 사상전, 경제전, 외교전으로 천도의 근본원리는 불변이지만 시대에 따라서 방법론은 바뀌어야 한다는 것으로 새로운 정세에 대응하는 동학사상이 개화문명에 대한 방법을 제시하여 1905년경 대종정의에서 人乃天이란 말로 동학사상을 나타내고 있다.

천도교는 普文館이란 인쇄소를 통하여 1907년에 천도교의 교리해설서를 간행하고, 1910년 8월에 天道敎會月報를 간행하여 출판문화운동으로 홍보하였고 敎育運動으로 普成中學校를 인수하였고, 同德女學校를 1909년에 설립하였다.

그리고 1906년에 萬歲報를 창간하여 애국계몽운동에 참가하였으며, 이러한 운동이 1919년 3·1운동의 모태가 되어 민족대표 33인중 15인이 천도교인이 참가한 獨立宣言書를 발표하게 되었다.

3·1운동 후에 敎理講研部는 천도교 청년회로 바뀌어 월간잡지『開闢』을 발행하고 천도교 소년회는 어린이날을 제정하여 겨레의 어린 새 싹들에게 꿈을 주는 어린이 운동의 선구적 역할을 하게 되어『어린이』를 발간하였다.

또한『開闢社』을 만들어『婦人』이라는 잡지 발간으로 부녀자층을 대상으로 한 활동을 전개하였으며,『개벽』은 1926년 8월 발행금지 되기까지 72호를 발행하고『別乾坤』으로 월간지를 발행하여 폐간까지 통권 101호를 간행하였다. 그 외 경제, 사회, 체육 활동을 전개하여 민족교육과 신앙운동을 전개하였다.

이렇게 동학은 천도교로 계승되어 오늘날에 이르고 있다.

1) 李敦化,『天道敎 創建史』天道敎中央宗理院, 1933.
   吳知泳,『東學史』永昌書館.
   신용하,「水雲 崔濟愚의 東學의 唱導」
   한국동학학회,『東學硏究』創刊號, 한국, 1997.
2)『東學大典』『龍潭遺詞』
3) 趙成雲,「海月 崔時亨의 傳統傳授와 初期 布敎運動」『동학연구』7.
   표영삼,「신사 최시형의 생애」『동학연구』7.
4) 李敦化,『天道敎創建史』天道敎中央宗理院, 1933, 1쪽.
5)『日省錄』高宗 元年 3월 2일.
   崔福述 供述 : 木利勝於鐵 洋人眼眩以爲寶劍.
6) 李敦化, 前揭書, 10쪽.
7) 申一澈,「崔水雲의 歷史意識」『韓國思想』12집, 한국사상연구회, 1974.
8) 이돈화, 전게서, 1쪽.
9) 이돈화, 전게서, 7~8쪽.
10) 金光日,「崔水雲의 宗敎的體驗」『한국사상』12, 한국사상연구회, 1974, 53쪽.
11) 이돈화, 전게서, 12쪽.
12)『東經大典』布德文, 論學文. ;『龍潭遺詞』安心歌, 龍潭歌.
13)『龍潭遺詞』安心歌.
14)『道源記書』修練과 大覺, 문덕사.
15) 위의 책, 신유년 포덕과 은적암.
16)「天道敎 創建史」隱寂菴. 도원기서에는 隱蹟菴이라 하고 있음.
   山城은 蛟龍山城으로 보여짐.
17)『道源記書』, 33쪽.
18) 위의 책, 35쪽.
19)『天道敎創建史』, 42쪽.
20)『道源記書』, 45쪽.
21) 위의 책, 55쪽.
22)『東學史』, 18쪽.
23)『道源記書』, 59쪽.
24)『龍潭遺詞』「安心歌」

25) 『東經大全』「布德文」

26) 『道源記書』, 25～28쪽.

27) 『東經大全』「布德文」

28) 『天道敎 創道史』, 47쪽.

29) 『天道敎書』「亞細亞硏究」5월 1로, 216쪽.

30) 『道源記書』, 31쪽.

31) 『東經大全』「布德文」

32) 『道源記書』, 42쪽.

33) 이돈화, 전게서, 30쪽.

34) 『東經大全』「論學文」 吾亦生於東 受於東 道雖天道 學則東學.

35) 『日省錄』 고종 원년 3월 2일. 洋學陰也 東學陽也 欲以陽制陰.

36) 『東經大全』「論學文」 日洋學 如斯而有異 如呪而無實 然而運則一也道則同也 理則非也.

37) 『東經大全』「論學文」 斯人 道稱西道 敎則聖敎 此非知天時而 受天命耶.

38) 崔東熙, 「東學의 宗敎的 動機와 修道目的」 『한국철학연구』 1집, 해동철학회, 1970, 105쪽.

39) 『日省錄』 고종 원년 3월 2일. 崔福述供述: 木利勝於鐵 洋人眼眩以爲寶劍.

40) 『龍潭遺詞』「劍歌」

41) 『한국사』15, 申一澈「東學」215쪽. 재인용 Junkin, William M, 「The Tonk Hak」 (Korean Repository, vol Ⅱ, 1895)

42) 『龍潭遺詞』「道修詞」

43) 『龍潭遺詞』「勸學歌」

44) 『東經大全』「論學文」 制其文敎人 定其法布德則今汝長生.

45) 최동희, 위의 논문, 85쪽.

46) 이돈화, 전게서, 47쪽.

47) 吳知泳, 『東學史』序, 24쪽.

48) 『日省錄』 고종 원년 3월 2일.

49) 李丙燾, 「東學敎門과 그 發生의 諸要因」 『科溪雜筆』78쪽

50) 「天道敎書」『亞細亞硏究』5－1 고대, 1962, 6쪽.

51) 『東經大全』「論學文」 主者稱其尊而與父母同事者也.

52) 김용덕, 「東學思想硏究」 『論文集』中央大, 1964, 185쪽.

53) 김상기, 東學과 東學亂, 66쪽.

54) 『東經大全』「呪文」侍天主 今我長生.

55) 『東經大全』「布德文」有何仙語 忽入耳中 …… 勿契勿疑

56) 『東經大全』「呪文」至氣 今至願爲大降.

57) 주 51 참고.

57) 『東經大全』「布德文」吾亦感其言.;「論學文」外有接靈之氣 內有降話之敎 聽
    之不見 聽之不聞, 吾道無爲而化矣 守其心 正其氣 率其性受其敎 化出於自然之
    中也.

58) 『東經大全』「論學文」吾心卽汝心.

59) 『東經大全』「論學文」雖百千萬物 化出於其中吾道無爲而化矣.
    造化者 無爲而化也.

60) 『東經大全』「論學文」吾心卽汝心.

61) 이돈화, 전게서, 道通傳授, 43쪽.

62) 『東經大全』「布德文」仁義禮智先賢之所敎 守心正氣惟我之更定.

63) 『東經大全』「歎」道儒心急 惟在正心 隱隱聰明 化出自然 來頭白事同歸一理.

64) 『東經大全』「座箴」吾道博而約 不用多言義 別無他道理 誠敬信三字這裏做工夫
    透後方可知 惟恐覺來知.

65) 『孟子』「盡心」萬物皆備於我矣 反身而誠 樂莫大焉.

66) 『中庸』제 20장. 是故 盛者天之道也 思誠者人之道也 至誠而不動者米之有也 不
    誠未有能動者也.

67) 『大學』제 2장. 欲正其心者 先誠其意.

68) 『東經大全』「布德文」誠之又誠 至爲天主者 每每有中 不順.

69) 『東經大全』上篇八節. 不知敬之所爲 暫不弛於慕仰, 不知敬之所爲恐吾心之寤寐.

70) 『東經大全』「修德文」 誠與信兮 其則不遠.

71) 『夢中老少問答歌』「安心歌」

72) 『龍潭遺詞』「劍歌」

73) 『東經大全』「布德文」受我此符 濟人疾病.

74) 『東經大全』「修德文」胸藏不死之藥 弓乙其形
    「布德文」受我此符 濟人疾病.

75) 韓祐劤「東學思想의 胎動」『한국사』15, 국사편찬위원회, 1975, 376쪽.

76) 『夢中老少問答歌』「安心歌」

77) 『日省錄』高宗 元年 3월 2일. 或請書 每以龜龍字 尋常書給.

78) 『日省錄』高宗 元年 2월 29일. 人有雜病 以弓字書紙 燒飮乃差遠近來者 不得已

許接 所以有徒黨之名.

79) 『東經大全』「論學文」曰呪文之意 何也 曰至爲天主之字故 以呪言之.

80) 『東經大全』「布德文」受我呪文 教人爲我則 汝亦長生 布德天下矣.

81) 『東經大全』「論學文」亦不無自然之理故 一以作呪文 …… 一以作不忘之詞 次第道法 猶爲二十一字而已.

82) 『東經大全』「修德文」胸藏不死之藥 弓乙 其形 口誦長生之呪 三七其字.

83) 『東經大全』「呪文」至氣今至四月來 侍天主令我長生無窮無窮萬事知.

84) 上揭書, 爲天主顧我情永世不忘萬事宜.

85) 上揭書, 至氣今至顧爲大降 侍天主造化定永世不忘萬事知.

86) 상게서, 주문.

87) 『備邊司謄錄』제 250책, 哲宗 14년 12월 20일. 大抵其道學之學必先精潔身口 乃授十三字 次授八字 次授十三字.

88) 『일성록』고종 원년 2월 29일

徐憲淳狀啓 福述招 爲天主顧我清永世不忘萬事宜李乃謙招 至氣今至顧爲大降 ; 爲天主顧我誠永施不忘萬事.

89) 『東經大全』「呪文」

90) 「朝鮮記事午未年錄」『朝鮮叢誌』권 5, 金孔煥, 上揭書 재인용, 36쪽.

91) 『東經大全』「論學文」曰天心則人心 則向有善惡也.

92) 『東經大全』「論學文」吾心卽汝心.

93) 『東經大全』(龍潭遺詞)「敎訓歌」

94) 『東經大全』「敎訓歌」"우습다. 저 사람은 지벌이 무엇이게 군자를 비유하며 문필이 무엇이게 도덕을 의논하오."

95) 『東經大全』「敎訓歌」"입도한 세상사람 그날부터 군자되어"

96) 『東經大全』「敎訓歌」"부하고 귀한 사람 이전 시절 비천이요 빈하고 천한 사람 오는 절 부귀로세."

97) 오지영,『동학사』영창서관, 1939, 69쪽.

98) 김　구,『백범일지』국사원, 1947, 27~28쪽.

99) 『東經大全』「布德文」西洋 戰勝攻取無事不成而 天下盡滅 亦不無脣亡之嘆 輔國安民 計將安出.

100) 『東經大全』「論學文」西洋之人 道成立德 及其造化 無事不成攻鬪干伐 無人在前 中國消滅 豈可無脣亡之患耶.

101) 『龍潭遺詞』「安心歌」

102) 『龍潭遺詞』「安心歌」 大報壇에 盟誓하고 汗夷怨讐 갚아보세 重修한 汗夷碑
閣 헐고나니 草芥같고 붓고 나니 박산일세.

103) 『龍潭遺詞』「劍歌」

104) 『哲宗實錄』 11년 7월 丁巳. 教曰 都下怪疾有熾無熄 多士之跋涉往來群聚薰鬱
極爲關念 今秋大小式初試 待明春退行.

105) 『龍潭遺詞』「夢中老少問答歌」

106) 『龍潭遺詞』「勸學歌」

107) 『東經大全』「布德文」 吾有靈符 其名仙藥 其形太極 又形弓弓受我此符 濟人疾
病(後略)

108) 書紙는 당시에 漢紙라 하여 닥나무(楮)를 주재료로 소각하면 탄소성분으로
흡수력이 있다.

109) 『日省錄』高宗 元年 3월 2일. 人有雜病 以弓字書紙 燒飮 …… 抱病人無論風
症癎疾 勸誦則差.

110) 『東經大全』「布德文」 各自爲文 不順天理 不顧天命.

111) 『東經大全』「布德文」 愚夫愚民 不知不澤 五帝之後 聖人出 敬天命順天理.

112) 『龍潭遺詞』「安心歌」

113) 이돈화,『人乃天要義』천도교중앙총부, 1968, 98쪽.

114) 신인철,「최수운의 역사의식」, 28쪽.

115) 『신약성서』마태복음 6장 10절. "나라에 임하옵시며 뜻이 하늘에서 이룬 것
같이 땅에서도 이루어 지이다."

116) 오지영,『동학사』, 5쪽.

117) 李炫熙,「水雲의 開闢思想硏究」『동학사상과 동학혁명』청아출판사, 1984, 58쪽.

118) 이돈화,『천도교 창건사』제 2편, 1쪽.

119) 오지영,『동학사』, 33쪽.

120) 『崔先生文集 道源記書』

121) 『天道教會史 革稿』제 2편 포덕 5년조.

122) 『崔先生文集 道源記書』乙丑年條.

123) 『天道教書』포덕 6년조.

124) 위의 책, 포덕 7년조.

125) 「天道教書」『아시아연구』5 − 1 220쪽.

126) 『천도교서』포덕 6년조.

127) 오지영,『동학사』, 41쪽.

128) 『천도교서』 포덕 7년조.

129) 『侍天敎宗繹史』 辛卯年條.

130) 『天道敎書』 5 - 2, (10), 301쪽.

131) 『海月先生 法說』 천지인, 귀신, 음양.

132) 위의 책, 양천주.

133) 위의 책, 대인접물.

134) 위의 책, 대인접물.

135) 『천도교서』 5 - 2(10), 297쪽.

136) 『천도교서』 5 - 2(10), 301쪽.

137) 『천도교서』 5 - 2, (10), 303쪽. 1. 明倫, 2. 守信, 3. 守業, 4. 臨事至公, 5. 貧窮相恤, 6. 男女嚴別, 7. 重禮法, 8. 正淵源, 9. 講眞理, 10. 禁淆雜

138) 『천도교서』 5 - 1(9), 215쪽.

139) 『천도교서』 5 - 1(9), 227쪽.

140) 金義煥 『韓國近代史硏究論集』 성진출판사, 1973, 114쪽. 13개 접소, 慶州, 盈德, 寧海, 大邱, 淸道, 京畿, 淸河, 延日, 丹陽, 英陽, 新寧, 固城, 蔚山, 長鬐 등 처이다.

141) 金庠基, 전게서, 56쪽.

142) 敎長은 以質實望原人, 敎授는 以誠心修道可以傳授人, 都執은 以有風力明統綱知經界人, 執綱은 以明是非可執紀綱人, 大正은 以持公平勤厚人, 中正은 以能直言剛直人 으로써 직책의 체계를 이루었다.

143) 이돈화, 전게서, 2편, 11쪽.

144) 김의환, 『한국근대사연구논집』 성진문화사, 1973, 81쪽. 聞慶亂은 시간적으로 맞지 않아 寧海亂으로 봄.

145) 이돈화, 전게서, 12~14쪽.

146) 이돈화, 전게서, 45~46쪽.

147) 오지영, 『동학사』, 70쪽.

148) 이돈화, 전게서, 46~47쪽.

149) 『東學亂記錄』 『東徒問辨』, 155쪽. 自壬辰秋揭書之後(揭書者 一日 水月先師伸寃, 二日 貪官汚吏除去, 三日 敎堂設置許可).

150) 오지영, 전게서, 64쪽.

151) 『鄭鑑錄』 土亭家藏訣. 長流水(壬辰癸巳) 運靑衣白衣 幷侵西南.

152) Willam M. Junkin, "The Tong Hak", in The Korean Repository, Vol Ⅱ (Jan -

Dec 1895) The Tritinggual Press, Seoul, 59쪽.

153) 이돈화, 『천도교 창건사』 이편, 50쪽.

154) 『고종실록』 계사 2월 26일.

155) 『일본 외교 문서』, 5, 한국편, 416~417쪽.

156) 위의 책, 453쪽.

157) 위의 책, 423쪽.

158) Despatch from A. Heard to the Secretary of State(April, 4, 1873)" in Spencer J. A Palmel(ed), Korean - American Relations(1885~1895) Vol Ⅱ. 申福龍, 전게서, 재인용, 99쪽.

159) 日本外交文書, 第 26卷, 日本國際聯合協會, 東京, 1952, 416~417쪽. 文書番號 205. 『東學黨ノ擧動ニ關シ軍艦派遣方上申ノ件』1893년 4월 10일자

160) 金允植『續陰晴史』상, 257쪽. 附屬書(1), 신복룡, 전게서, 재인용, 39쪽.

161) 이돈화, 전게서, 55쪽.

162) 『侍天敎歷史』下篇 계사 삼월.

163) 김상기, 『동학과 동학란』, 67쪽.

164) 오지영, 전게서, 83~84쪽.

165) 「聚語」『東學亂 記錄』(상), 108~109쪽.

166) 위의 책, 113~114쪽.

167) 위의 책, 109~110쪽.

168) 金允植「沔陽行遺日記」『續陰晴史』권 7, 國史編纂委員會, 261쪽.

169) 「聚語」『동학란 기록』(상), 122쪽.

170) 『일성록』고종 30년 3월 21일.

171) 「聚語」『동학란 기록』(상), 123쪽.

172) 崔永年『東徒問辨』『東學亂 記錄』(상), 155쪽.

173) 김윤식, 위의 책, 264쪽.

174) 「취어」『동학란 기록』(상), 121~122쪽.

175) 「취어」『동학란 기록』(상), 120~121쪽.

176) 「취어」상게서, 114쪽.

177) 「취어」상게서, 123쪽.

178) 趙景達, 「甲午農民戰爭 指導者 全琫準의 硏究」『朝鮮史叢』7, 1983, 363쪽.

제3장

東學農民 革命運動

1. 머리말

朝鮮에 있어서 封建과 近代라는 분수령을 이룬 것이 東學農民革命運動이었다.

이러한 東學革命運動은 봉건사회에 대한 近代化의 촉구였으며 제국주의 침입에 반항하는 반외세적 자주독립운동이었다.

東學농민혁명운동에 대한 규정과 평가는 시대의 변천에 따라 여러 가지로 정의되어 왔다.

1960年이전에는 東學亂으로 규정하였고[1] 70年代초에는 東學運動으로[2] 불리였으나 70년말부터 80년대초에는 역사용어사용에 따라서 東學農民戰爭, 東學革命으로 성격이 정리되었다.[3]

이는 東學의 성격과 전개과정의 관점에서 현재의 입장에서 재조명하고자 할 때에 역사에 대한 평가는 서로 다른 견해차가 있을 것이다.

그러므로 본고에서는 全琫準에 의한 1차봉기의 과정과 全州城 입성의 執綱所의 운영이며 제3차 公州 牛金峙전투에서까지의 과정이다.

古阜에서 봉기한 원인은 古阜郡의 재정여건과 郡守의 착복에 따른주민의 반발과 조정의 대책이며 全州城에서의 和約과 執綱所설치이며 도인 및 농민들의 재집결에 따른 과정을 살피므로 東學農民革命과정과 성격이 파악되고 東學이 어떠한 영향을 미쳤는 지 밝혀질 것이다.

2. 古阜의 1次 蜂起 (除暴救民)

參禮, 光化門, 報恩集會를 계기로 三南지방의 各包에서는 조직적인 武力行動으로 옮겨졌다. 이러한 행동이 대표적으로 나타난 것이 古阜의 東學運動이다.

古阜郡守 趙秉甲의 횡포를 타도하기 위하여 東學道人이 중심이 되어 改革運動이 일어났는 데 이 改革運動을 주도한 全琫準과 그 당시의 사항과 改革意圖를 살펴보고자 한다.

全琫準은 供草에서 泰仁 山外面東谷에 거주한다고[4] 하였으나 출생지에 대하여는 여러 說이 있으며[5] 古阜에 이사하여 생활한 것으로 보이며, 직업이 士·學究라고 한 것으로 보아 선비로서 서당의 훈도를 한 것으로 보인다.

全琫準의 아버지 全彰赫의 죽음은 두가지가 있는 데 하나는 賻儀를 반대로 인한 것과[6] 둘째는 官吏의 作奸을 報狀하여 곤장으로 죽었다[7]는 설 등이 있다.

全琫準은 父親의 억울한 죽음으로 한이 맺혀있었는 데[8], 郡守 등 官吏들의 학정에 불만으 품고 있었던 사람과 동학도가 연결되어 실력으로 행동하려고 한 것이 1893년(癸巳) 11월에 沙鉢通文이다.[9]

1894년(甲午) 1월 3일에 全琫準, 孫和中, 金開南 등이 湖南倡義所명의

로 倡義하였는 데, 그 내용은 萬民이 塗炭에 들었으니 義旗를 들어 輔
國安民으로써 昇平聖化하여 함께 살아가자고 하였다.[10] 그리하여 泰仁
舟山里 崔景善집에 道人중 壯健한자 300名이 모여서 30리 되는 古阜山
面 馬項里에 약속하여 모인 수천여 명이 합세하여 銃槍幾百個를 들고
古阜邑北城으로 들어가 邑을 함성하였다.[11] 官屬中에 郡守와 符同하고
貪虐한 者 數名을 잡아 목을 베고, 軍器庫를 열어 銃槍彈藥을 갖고 또
獄門을 열어 民亂으로 갇혀있던 狀頭들과 冤痛히 갇혀있는 백성을 석
방하고, 倉庫를 열어 貧民을 救恤하였다.[12]

東學徒들은 소기의 목적을 달성하자 일부는 해산하고, 일부는 무장
을 갖춘채 남아 있었다. 그리하여 官軍과 싸우는 第二次 蜂起를 하게
된다.

이에 대한 견해는 크게 두가지로 보는 데 하나는 단순하고 우발적인
민란이 아니라 오랜 계획과 야심 끝에 이루어진 서막으로 폐정개혁을
전국적으로 확대하려는 事件으로 보는 것이고[13] 또 하나는 천하도모를
위한 거병으로 보다는 東學과는 무관한 것으로 30年間에 걸친 비조직
적인 민란의 연속과정의 일환으로 보려는 견해가 있다.[14]

위의 두 견해를 볼 때 古阜蜂起가 東學教主 時亨과 호응이 없고[15]
全琫準이 말한 것처럼 구성분자가 冤民이었고 東學徒는 소수였다[16] 는
것으로 볼 때 全琫準이 東學組織과 연결하여 원민들을 가담시킨 民亂
으로 보아야 할 것이다.

民亂이 진정되어 새로 부임한 朴源明郡守는 善治로 민중의 상처를
씻어 주어 원만한 해결책을 강구할려고 하였다.

그러나 1894년 2월 15일 按覈使로 부임한 長興府使 李容泰는 民亂의
주모자를 색출하여 엄히 다스려야 한다는 懲治方針으로 역졸 8백명을

풀어서 재산을 약탈하며 부녀자를 强姦하고 백성을 구타하고, 고기꿰듯 사람을 얽어감으로[17] 백성의 분노를 사게된데가 民擾의 원인을 토지제도해이와 과잉과세 등[18]으로 인하여 발생한 것으로 보고하므로 관리의 잘못보다는 조정과 백성의 탓으로 돌리었다. 이에 全琫準등이 全羅監司 金文鉉에게 直訴를 하였으나,[19] 아무런 응답이 없고 이 진정은 李容泰의 비위를 더욱 거슬리는 것으로 더욱 탄압이 가중되자, 재거사를 계획하였다.

3. 白山의 2차 봉기 (輔國安民)

古阜농민봉기 해산후에 茂長으로 피하였던 全琫準은 孫和中과 함께 며칠간의 준비 끝에 포고문을 발하고 3월 21일 봉기하였다.[20] 이때 농민군은 대부분 타읍민으로 茂長의 촌민과 취합되었다.[21]

東學農民들은 3월 20일 茂長을 따라 21일 고창을 거쳐 22일 興德의 沙·後浦, 23일 茁浦를 지나 古阜에 이르러 하루를 머물고 24일 전략적인 백산의 황톳재에서 진을 쳤다.[22]

동학농민군의 숫자는 4,000여 명이 규합되었다.[23]

白山에 泰仁의 金開南이 휘하의 세력을 이끌고 합류하였다.

白山대회에서 湖南倡義大將所 명의로 倡義文을 발표하고, 大將에 全琫準, 總管領, 孫和中, 金開南이 되고, 金德明, 吳時泳이 總參謀가 되었으며 各包에는 孫和中包로 高敞 頭領 吳河泳, 산하 1,500여 명, 茂長 頭領 宋敬賀 산하 1,300여 명이 모였고, 興德 頭領 高水領 산하 700여 명, 井邑 頭領 孫如玉 1,200여 명이고 金開南包로 泰仁 頭領 金洛三의 1,300여 명, 金德明包로 泰仁 崔景善 金堤 金奉年, 金滿 金土曄 산하의 2,000

여 명이 모여 약8,000여 명이[24] 「輔國安民」의 大將旗를 높이들어 다음과 같은 軍律을 내리었다. 백성을 죽이지 말고 백성을 편안히 하며, 왜적을 몰고 서울에 진격하여 세도가를 몰아내자는 것[25] 이었다.

白山에 모인 동학농민군은 古阜 白山, 禮洞에서 泰仁 龍山面의 禾湖 新德亭里로 나아갔고, 일부는 원성으로 쌓은 萬石伏을 헐어버리고, 29일에는 泰仁 관아를 점령, 이곳에서 며칠 머물렀다가 全州로 향하기 위하여 4월 1일에 태인에서 원평, 금구로 나아갔는 데,[26] 官軍이 만여 명이 온다는 말을 듣고[27] 3일 부대를 3대로하여 1대는 扶安縣 西道面 復興驛으로 가고 1대는 泰仁縣 仁谷, 北村, 龍山 등지로 내려왔고, 나머지 1대는 院坪에 머물다가 4월 4일 扶安으로 가서 먼저 간 1대와 합류한 全琫準, 孫和中이 이끄는 4,000여 명이 扶安縣을 점령하였다.[28]

이때에 관군이 추격한다는 소식을 듣고 4월 5일 扶安 삼소산으로 진을 옮기고[29] 6일 고부 天台山을 넘어 道橋山에 진을 칠 때 金開南 부대도 합류했다.[30]

한편 관군은 두 대로 나누어 4월 3일 고부, 정읍, 태인 등지에서 전주에 이르는 길목인 태인과 금구의 험한 원평을 지키고 있었는 데 농민군이 남하하자 쫓아 남하하였고[31] 4일 全州中軍은 금구를 거쳐 태인으로 4월 6일 황토재 아래에 진을 쳤다.

농민군은 3개대로 나누어 세 봉우리에 불을 놓고 관군과 대치하던 중 새벽녘에 가운데 봉화만 남고 양쪽의 불이 꺼지자 관군은 농민군이 잠든 것으로 판단하고 기습하자 기다리고 있던 농민군은 양쪽에서 관군의 퇴로를 차단하고 앞에서 협공하여 삼면으로 포위하여 관군을 대파했다.[32]

황토재전투에서 이긴 농민군은 그 여세를 몰아 정읍, 고부삼거리를

거쳐서 4월 8일 흥덕, 무장, 영광, 함평(16일)을 이어서 점령하였다.[33]

한편 조정에서는 壯衛營 洪啓薰을 招討使로 임명하여 京軍 七百名으로 淸國함선 平遠号편으로 仁川을 출발하여 群山港에 입항하여 全州로 향하도록 하였다.[34]

함평에 있던 농민군 주력은 경군이 내려온다는 말을 듣고 22일 장성과 나주 방향으로 이동하였다.[35]

농민군이 분대하여 남하함에 따라 洪啓薰의 京軍의 선발대는 농민군을 추격하였으나 長成에 이르러 본대가 참전하지 못한 가운데 농민군의 협공에 의하여 격파되었다.[36]

이때에 官兵 100여 명이 사망하고 大砲三門과 洋銃 100여정을 획득하였다.[37]

東學軍은 4월 27일 서문밖 장날을 기하여 장꾼들과 함께 수천명이 다 시장속으로 들어갔다.

午時쯤 되자 용머리고개에서 일성의 대포소리가 터져 나오며 수천방의 총소리가 일시에 장판을 뒤엎었다.

監司 金文鉉과 中軍 林泰斗와 判官 閔泳昇 등은 도망가고 全琫準은 宣化堂에 앉게 되었다.

한편 洪啓薰은 完山七峰에 陣을 치고 싸워 兩軍의 사상자가 발생하였고 慶基殿과 鎭營 등이며 西門밖 장터의 수백의 민가는 화염중에 들어갔었다.

京軍은 한편 휴전하기를 청하고 한편 조정에 보고하였다.

조정에서는 강화하는 것이 좋다고 하고 全羅 監司에 金鶴鎭을 임명하고 按撫使 嚴世永을 특파하였다.

4. 全州和約과 執綱所

全州를 점령한 全琫準은 東學의 목표를 달성하기 위하여 東學軍에게 軍令12개조의 규율을 정하고[38] 民衆들에게 入城한 동기를 밝히고 관군의 사기를 꺾기 위하여 檄文으로 조정은 外戚으로 싸우고, 자기 배만을 채우며 또한 러시아가 침략할 것이므로 의병을 일으켜 백성들을 편안하게 하기 위하여서[39] 라고 하였다. 全羅 監司 金鶴鎭과 全琫準은 參禮驛에서 全州和約을 성사시켰다.

東學徒들은 弊政을 改革하기 위하여 全州에 入城한지 10일후에 全羅 監司와 13개조항을 제시하기를 세제의 개혁과 외국인 보부상의 폐단시정, 金權과 賣官행위금지, 國大公(大院君)에게 정치를 맡겨 民心을 얻을 것[40] 이라는 요구조건에 全州和約이 성립되므로 동학군은 일단 全州에서 철수를 하였다.

東學徒가 제시한 조건에 대하여는 자료에 따라서 革弊原情14個條에 原情列錄追到者24個條 등이 있다.[41] 이러한 改革案으로 新監司 金鶴鎭과의 和約內容에는 全羅道의 53個郡縣에 東學徒에 의한 執綱所를 설치하기로 합의를 본 것이다.

이 집강소에서 실시하고자한 弊政改革12個條는[42] 政治改革과 身分差別철폐 및 土地를 平均分作, 斥倭 등을 시행코자 하였다. 執綱所를 설치하여 改革에 착수하면서 부작용이 발생하게 되자 東學은 통유문을 발표하여 道人은 正道를 지키고, 恣意로 하지말고 布德所를 통하여 모든 일을 행하라고 한 것으로 보아서 改革에 따른 시행착오와 과격한 행동이 수반되었다고 하겠다.

執綱所는 全州和約후에 弊政改革을 위하여 東學徒가 세운 地方行政

機關으로 東學의 布德成道의 社會敎化보다는 오히려 地方行政改革에 치중하였다.

그러나 全羅道 53주에서 執綱所를 設立하였는 데 羅州, 南原, 雲峰 등 3邑만은 시행되지 못하자 全州 大都所로부터 루차의 격문을 보냈으나 항거하자 金開南은 南原에 金鳳得은 雲峰에 보내고 崔景善을 羅州에 3,000軍을 거느리고 갔으나 지형과 읍민이 성을 지키였기에 접근할 수가 없었다. 이에 全琫準이 군을 거두게 하고 수명을 데리고 東門에 들어가 牧使와 만나서 단판지어 執綱所를 설립하도록 하였다.

東學의 敎團인 包・接制의 조직에 六任制가 있었는 데 집강소가 설치되므로 八職으로 接主, 接司, 都執이 늘어 났으며 執綱所의 집행조직으로는 書記, 省察, 執事, 童蒙 등이 있어 행정기관의 체계를 이루고 있었으나[43] 全琫準이 공초에서 폐정절목에 대한 징후가 없었다[44] 고 하는 것으로 보아 집강소가 폐정개혁에 있어서 성공적인 운영을 이룩하지 못하였음을 알 수 있겠다.

그 당시에 유행했던 童謠에[45] 綠豆란 全琫準의 別號이며, 파랑새는 八王로 全자를 뜻한 것으로 보인다. 이 동요가 東學이 작사를 하여 백성들간에 불려졌다는 것은 매우 선동적으로 東學徒의 義氣를 일으켜서 東學의 세상을 만들어 나가자는 것이다.

또한 가사는 東學運動이 끝난 후에 안타까움을 풀기 위하여 불려졌을 가능성도 있겠다.

5. 3次 蜂起 (斥倭洋倡義)

東學農民軍은 全州和約뒤에 5월 8일 전주성에서 1대는 김제, 부안, 고부, 무장으로, 1대는 금구, 태인으로 나갔고[46] 全琫準은 금구, 김제를 거쳐 10일에 태인에 이르렀고[47] 孫化中은 8, 9일경 약2,000여 명을 거느리고 흥덕을 경과하여 무장방향으로 향하였다.[48]

그리고 全琫準과 金開南은 12일까지 태인에서 무장을 풀지않고 모여있으면서[49] 각처에 몸을 숨기고 함부로 행동하지 말고 경군이 추격하여도 절대 싸우지 말고 시기를 기다려야 한다고 하였고[50] 지시하고는 태인읍에 무기를 반납하고는 해산하였다.[51]

5월 13일 해산시 전봉준과 김개남의 부대는 분리되어 17일 전봉준이 이끄는 부대는 태인으로부터 정읍을 지나 18일 장성으로 갔으며[52] 한편, 김개남이 거느린 부대는 태인면, 고현, 동촌, 남촌면에 머물러 있다가 23일경 태인을 떠나[53] 순창, 옥과, 담양, 창평, 동복, 무안, 순천, 보성, 곡성 등 전라도 일대를 순행하고 6월 25일 南原에 들어갔다.[54]

이리하여 全琫準은 수천의 무리를 끼고 금구, 원평에 진을 치고 金開南을 수만의 무리를 끼고 남원성에서 좌도를 통활하였다.[55]

金開南은 휘하 인물을 파견하여 세력을 확장해 간 것으로는 6월이후 김인배는 順天府를 점령[56] 하였다.

한편 日本은 1만명의 병력을 서울에 주둔시키고 6월 21일(양7월23일) 새벽에 제21연대 1천명의 병력으로 왕궁에 진군시켰다.[57]

그리고 國軍機務處를 두어 중요문제를 전결토록 하였다.

淸國과 맺은 모든 조약을 무효화시키는 동시에 청국군을 몰아내는 권한을 강제로 일본에게 위임토록 하였다.

일본군은 이런 절차를 마친 후 6월 25일 아산앞 풍도근해에서 高昇號를 격침하였고, 28일에는 4천병력으로 成歡에서 聶土成 휘하의 2천여명의 淸軍을 격퇴시켰다.

그리고 7월 21일 (양8월20일)에는 韓日合同暫定條款을 억지로 체결하고 27일에는 大朝鮮大日本兩國盟約을 강제로 맺게 하였다.

경인, 경부선 철도를 日本이 건설하고 운수사업의 독점으로 군이동이나 식량준비에 모든 편의를 제공한다는 내용이다.[58]

한편 7월 5일 全琫準은 金鶴鎭 監司와 협상하기 위하여 올라와서 진심을 털어놓고 굳게 언약하고 열읍의 집강에 통문을 띄우고 監司는 甘結로 군현에 시달하였다.[59]

그리고 全琫準은 7월 9일경 南原에 내려가 접주와 만나 의논하고 7월 15일에 南原대회를 열기로 하여 수만명이 모여 대회를 열었다.[60]

그런데 7월 16일에 全羅監司 金鶴鎭은 군관 宋司馬를 南原에 보내어 全州에 오라고 하고 도인들과 함께 全州를 지키자고 하고 군대의 지휘권을 全琫準에게 넘겨 주었다.[61]

이는 서울에 난리가 일어났으니 日本軍으로부터 지키자는 것이 된다. 김학진과 전봉준은 만나서 항일대책을 세워 左右都執綱의 명의로 군·현 집강에게 보내 통문 보인 것으로는 왜구가 궁궐은 침입하여 임금에게 욕을 보였으니 의롭게 나가서 목숨을 바쳐야 할 것이라고 하였다.[62] 항일할 계획을 알고 있던 金開南은 김인배로 하여금 8월경 구례현장악[63] 9월에 대인에서는 농민군으로 곡성점령과 梁河一로 낙인군 입성하였고[64] 9월 1일 김인배의 하동과 진주에 진출하였다.[65]

金開南의 세력확장은 南原에서 전라좌도의 농민군을 소집한 8월 25일 직후에 본격적으로 전환대하여 구례, 담양, 순천, 곡성이외에 순창, 용담, 금산, 장수 등 실질적으로 장악하여 제3차 봉기를 준비하였다.[66]

9월 10일 김개남휘하의 김인배는 진주의 농민군과 忠慶大都所의 이름으로 방을 내걸어 慶尙左道 각읍각촌에 "왜적과 그들의 잔당을 토멸하자"고 하였다.[67]

이외에도 日本軍의 경복궁을 침범하였다는 소식을 듣고 반일봉기한 것은 忠淸道 報恩에서 7월 2일 接主 任圭鎬, 黃河一 등의 지휘하에 수백명이 모여 반일 봉기를 하였고[68] 7월 12일 公州 銅三店에서는 東學敎徒들이 輔國安民, 斥倭擧義를 주장하면서 주둔하였고[69] 弓院에서는 任基準의 주도하에 8월 1일에 1만여 명이 취회하여 내봉기를 준비하고 있었다.[70]

이러한 것은 경상도에서 7월 17일 농민군이 예천을 공격할 때 倡義斥倭라고 내걸었던 것으로 보아[71] 재봉기는 항일에 있었던 것이다.

이러한 재봉기는 항일에 있었지만 정치적으로 大院君이 몰락하니 재기를 위한 발판을 모색한 것으로 보인다.

大院君의 曉諭文에는 忠淸, 慶尙 양도에는 이미 사람을 보내어 선유하였고 全羅道에 보내어 金鶴鎭과 全琫準에게 보여졌고, 金開南에게로 보여졌는데 속으로 밀지를, 겉으로 효유문을 보내였는데 東學徒들이 무기를 놓고 농사일로 돌아가는 것이었다.[72]

그러나 항일을 위하여 재봉기 하라고 하였던 것이다.

全琫準은 9월 10일전에 마침내 재봉기를 결정하고 泰仁을 출발하여 院坪에서 하루를 묻고 參禮에 도착하여 대도소를 세웠다.[73] 재봉기를 위하여 9월 14일 800여 명을 인솔하고 全州에 들어가 무기를 탈취하여 삼례로 돌아왔고[74] 10일 금구농민군 300명이 高山의 무기를 탈취하고 전주로 갔고 삼례에서 수백명이 13일 여산의 무기를 탈취하고 16일발 농민군 100여 명이 위봉산성의 무기를 탈취하였다.

무기확보는 재기를 위한 것으로 10일 태인으로부터 18일 전주보고에 나타나 있다.[75]

全琫準은 全州, 진안, 흥덕, 무장, 고창 등 각지방 농민군과 孫化中에게 일본병을 물리치기 위하여 다시 기병하자는 취지의 격문을 발송하였다.[76] 이 격문은 9월 18일 충청도에도 도착하였다.[77] 이러한 동학농민군의 결의는 농민군이 고대하던 일로써 격문이 전달되자 全羅道에서만 9월 17일경 29개 군·현의 무기를 탈취하여 무장하였다.[78]

농민군은 南原에 5, 6만명이 각기 병기를 가지고 날뛰고 全州, 金溝에서는 작란을 하고 있었다.[79]

이때에 參禮, 全州, 南原의 농민군이 강하였다고 하였다.[80]

군수물자는 9월 하순부터 본도의 大同米와 민간으로부터 公錢과 田稅米도 每結 10두씩 거두었고, 쌀은 大坊에서 백석, 小坊에서 80~90석이므로 48坊에서 거둔 쌀은 몇백석인지 알 수 없다고 하였다.[81]

또한 南原 山洞坊과 求禮에서 거두어 들인 쌀은 300석이나 되었다.[82]

日本기록에는 9월 15일자 樊樹 察訪 梁柱赫의 보고에 관고에 쌓아놓은 쌀과 상납할 軍木 20同 27匹을 모두 탈취해 갔다고 하였고 9월 16일에는 능주목사 趙存斗가 南原 大都所의 지시라 하며 동전 2만냥과 白木 30동을 탈취하여 갔다고 하였으며 9월 17일에는 光州牧司 李義性이 南原 대도소에서 군수물자가 시급하니 동전10만냥과 백목 100동을 수송해서 바치라고 사통이 왔다고 하였다.[83]

한편 조정의 金弘集 內閣은 全羅道와 忠淸道에서 農民軍이 일어나자 당황하여 日本軍에게 동학군 토벌을 간청하기에 이르러 허락을 받고 9월 22일에 토벌을 위해 호위부장 申正熙를 都巡撫使로 임명하고 巡撫營을 창설하여 諸軍을 통솔하게 하고[84] 한편 각고을에 민포군을 조직하여 동학군을 초멸하라고 명령을 내렸다.

일본은 淸·日戰爭의 여세로 9월 26일 구룡성과 단동을 점령하자 3만병력을 출동시켜 대륙침략에 들어갔다.

그래서 대동강 이남지역의 수송로 확보를 위해 후비보병을 창립하게 되어 제 19대대를 주축으로 제18연대 1중대, 제6연대 제4,6,7,8중대, 제 10연대 4중대를 창설하였다.

제6연대는 황해도지역에 투입하였고 나머지는 삼남일대에 투입하였다.

제19대대는 山口縣의 수비병력으로 편성하여 10월 6~7일 한국으로 급파되었다.[85]

朝鮮軍의 병력은 日本軍의 훈련을 받은 교도중대가 있었고, 신식무기(스나이더총)으로 무장하여 화력이 크게 보강되었다.

全琫準이 10월 12일경에 재봉기를 시작한 것은 몸이 불편하고 많은 사람이 한꺼번에 움직이기 어려웁고 신곡이 나오지 않아 10월에 이르렀다고 하였다.[86]

그러나 그는 북상의 진격로에 위치한 북접의 합류결정을 기다린 것이 큰 요인으로 보는 것은 충청지역의 동정을 살폈던 것이다.[87]

南接에서 再起하게되자 北接의 崔時亨이 各包에 통문을 독려 湖南의 全琫準과 忠淸의 徐璋玉은 국가의 逆賊이요 斯文亂賊이라고[88] 하였으나 忠·全羅의 領頭들에 의하여 兩湖都察을 두어 包間와 各執綱所간을 조정하게되어 忠淸道일대의 東學徒들이 神師를 하늘과 같이 모시는 데 왜 神師는 제자를 사랑하지 않고 제자들을 束手自盡케 하는가[89] 라고 항의가 비등하게 되자 海月도 결국 北接의 各包에 통문을 발하여 青山 集會에서 人心이 곧 天心이라 이는 곧 천운이 이루는 바이니 너희들은 道衆을 동원하여서 全琫準과 협력하여 師寃을 풀며 우리 道의 大願을 실현하라고[90] 하여 孫秉熙에게 各包를 통솔할 것을 지시하였다.

崔時亨은 報恩에서 휘하의 각지의 동학교인들의 봉기를 기다렸다가

10월 11일경에는 이 사실을 전봉준에게 알렸다.[91]

全琫準은 4,000여 명의 농민군을 이끌고 삼례를 출발하여 10월 12일경에 논산에 도착하였고[92] 崔時亨으로부터 統領旗 넘겨받은 孫秉熙가 이끄는 북접군은 보은을 출발하여 영동등지를 경유하여 10월 15일경에는 論山에 합류하였다.[93]

10월 16일 論山에서 올린 전봉준 상서에서 자신을 兩湖倡義領袖라 칭하였고[94] 公州 30리의 거리에 이르러 그곳에 진을 치고 報恩兵과 서로 호응하고 있어 기세가 급격히 확대되었다[95] 고 하였다.

이때 10월 14일 金開南은 8,000명을 이끌고 南原을 출발하여 16일에 전주에 도착하였고[96] 또 재봉기 결의후에 參禮에 온 최경선은 전봉준과 상의하여 光州, 羅州로 가서 孫化中과 함께 해로를 통한 협공을 대비하여 수비하였고[97] 전봉준부대가 북상하므로 金開南은 거점인 全州에 올라와 대비하였다.[98]

전봉준과 손병희는 10월 21일 公州를 향하여 論山을 출발하여 23일에 이인에서 24일에는 효포, 25일에는 능치에서 전투를 벌이고 경천으로 물러났다.[99]

金開南은 이의 지원을 위하여 북상하여 10월 24일 금산을 점령하고[100] 이것은 청주로 가는 길을 열고자 한 것이라고 하고 있다.[101]

全琫準과 東學徒는 斥倭斥洋하자고,[102] 다시 봉기를 외치니 全羅道 各邑에 잇는 執綱所에서 再起兵하여 全州 崔大鳳외에 26個邑에서 약2만5천여 명이 蜂起하였다.[103]

이와같이 운집한 東學軍은 2만명이 公州에서 정부군 3천명에 日本軍 1천명으로 구성한 정규군과의 對戰하였으나 東學軍은 공격면에서 방어하는 정부군에 수적으로 많았으나 전투력에서 불리하엿으며, 결국 패하여 남쪽으로 후퇴하여 논산, 강경을 거쳐 11월 23일 全州로 퇴각한 농민군은 분산하여 1대 6~7,000명은 古阜로 가고 나머지는 만마관으로 해서 남원방향으로 향했다.[104]

뒤에 전봉준은 원평, 태인에서 최후의 전투를 벌인후 흩어지고 전봉준은 재기를 도모코자 김개남을 만나러 가다가 淳昌에서 잡혀서, 孫化中, 崔景善, 成斗漢, 金德明과 함께 처형당하였다. 이렇게 東學運動은 끝났으나 全州和約의 弊政改革要求가 甲午更張을 가져왔으며[105] 東學軍에 참여하였던 자들은 1895년이후에 抗日義兵運動으로 전개되었던 것이다.[106] 東學은 지하로 들어가 宗敎運動으로 후에 天道敎로 발전하였다.

이 東學農民革命運動은 近代史에 분수령이 되었으며 3·1운동으로 이어지게 되었다.

6. 맺음말

東學農民革命運動은 韓國近代史를 이루는 계기가 되었다.

東學은 布德운동으로 최제우의 신원운동이 慶北의 寧海, 盈德에서 李弼濟事件件으로부터 시작하여 參禮集會에서 敎堂의 설치를 요구하였고 상경하여 伏閤上疏로 斥倭洋을 벽보로 알리고 報恩集會에서는 保國安民과 斥倭洋唱義를 주장하여 三南에 널리 알려지게 되자 古阜郡守 趙秉甲의 폭정에 항거하고자 全瑋準이 선두에 나타나 古阜를 장악하였다가 물러났다가 李容泰 안핵사의 횡포에 다시 무장으로부터 봉기하여 白山에서 관군을 격파하고 全州에 入城하여 全州和約을 맺고 執綱所 53개읍에 설치하였다.

그러나 日本軍이 궁성을 침입하였다는 소식에 재봉기를 계획하여 군비를 준비하였고 海月의 승낙하에 합동으로 公州로 향하였다.

그러나 작전에서인지 金開南의 휘하는 후방을 지원하는 쪽으로 이어졌다.

公州에서 패하여 재기하고자 金開南과 협력하고자 하였으나 체포되어 수포로 돌아가 버리고 말았다.

그러나 韓國史의 近代史를 분기점으로 甲午更張을 갖어 왔고 己未 3·1독립운동의 주축을 이루었다는 데 역사적인 큰 의의가 있다고 하겠다.

1) 金庠基,『東學과 東學亂』, 大成出版社, 1947.
   金容燮,「東學亂研究論」『歷史敎育』3, 歷史敎育研究, 1958.
2) 金庠基,「甲午 東學運動의 歷史的 意義」『韓國思想』1·2合輯, 高麗文化社, 1959.
   李瑄根,「東學運動과 韓國의 近代化 過程」『韓國思想』4, 日新社, 1962.
   韓㳓劤,「東學農民의 蜂起」『韓國現代史』1, 新丘文化社, 1969.
   梁在熹,「東學民衆運動의 政治的 考察」『慶熙史學』, 慶熙大史學會, 1973
3) 吳吉寶,「甲午農民戰爭과 東學」『歷史科學』3号, 1963
4) 全琫準供草
5) 申福龍,「全琫準의 生涯와 思想」, 養英閣, 1982, 35~36쪽.
6) 『井邑郡誌』1936年.
   全彰赫은 鄕校의 掌議 또는 里長의 직에 있었는 데 趙秉甲의 庶母 賻儀를 반대하다가 곤장으로 난타당하였다는 것이다.
7) 吳知泳, 前揭書, 103~104쪽.
8) 「沙鉢通文」『東亞日報』1970年 1月 7日字.
9) 吳知泳, 前揭書, 105~106쪽.
10) 吳知泳, 上揭書, 107~109쪽.
11) 吳知泳, 上揭書, 110~111쪽.
    東學思想研究所,『東學革命』, 서울, 1979.
    崔玄植,「甲午 東學革命史」, 金剛出版社, 1980.
    노태구,『동학혁명의 연구』, 백산서당, 1982.
    姜在彦,「봉건체제 해체기의 甲午農民戰爭」『韓國近代史研究』, 한울, 982.
    李炫熙,『東學思想과 東學革命』, 청아출판사, 1984.
    李炫熙,『東學革命과 民衆』, 大光書林, 1985.
    申福龍,『東學思想과 甲午農民革命』, 평민사
12) 吳知泳, 上揭書, 111~112쪽.
13) 吳知泳, 上揭書, 161쪽.
14) 金容燮,「全琫準供草의 분석」『歷史研究』2, 韓國史學會, 1958, 6, 10, 10, 39쪽.
15) 李敦化,『天道敎創建史』, 51쪽.
16) 『全琫準供草』初招

問：古阜起包時　東學多乎　寃民多乎

供：起包時　寃民東學雖合　東學少　而寃民多.

17)「東徒問辨」『東學亂記錄』(上), 157쪽.

擾民退散　各集農器　如是未滿十日　按撫使李容兌　率驛八百余名　欄入古阜威喝新
倅朴源明　使之大索擾民狀首　驛卒電散一邑　橫行閭里　强淫婦女　掠奪財産　鞭朴
男丁　捕縛如魚貫.

「全琫準供草」初招

問：散落後　因何事更起包乎

供：其後長興府使　李容泰　以按覈使來本邑　通稱以東學　列名捕捉燒灰其家舍　無
當者　則捕其妻子　而行殺戮　故更爲起包

18)『高宗實錄』高宗 30年 甲午 4月 29日.

古阜郡按覈使李容泰 …… 査正成冊　上送而狀請 …… 所謂邑瘼 凡爲七條　一.
移結也　一. 轉運所總加量餘新刱不足米也　一. 流亡結稅未收也　一.
陳畓已墾處賭租也　一. 萬石洑收稅也　一. 八旺洑水稅也.

19) 全琫準 再招

問：呈營呈邑向時乎

答：昨年正二三月間.

20) 崔玄植,『甲午東學革命史』, 54쪽.

教主海月崔時亨의　탄생일로　정함.

21)「隨錄」2쪽

22)「주한 일본공사관기록」1권, 57〜59쪽 수록 2〜4쪽, 11〜12쪽

23)「供草」초초문목

24) 吳知泳『東學史』, 111〜112쪽.

25) 鄭喬『大韓季年史』(上), 74쪽.

揭以四個名義　一曰不殺人不殺物　二曰忠孝雙全濟世安民　三曰逐滅倭夷

26)「수록」5, 13〜14쪽.

27)「供草」초초문목.

28)「金洛鳳履歷」, 9쪽.

29)「수록」, 16쪽.

30) 위의 책, 8쪽.

31)「오하기문」1필, 56쪽.

32)「주한일본공사관기록」1권, 59쪽.

33) 「양호초토등록」, 166쪽.

34) 위의 책, 196쪽.

35) 위의 책, 171쪽.

36) 「주한 일본공사관 기록」1권 31쪽.

37) 「東學史」長城接戰과 全州陷落

38) 金允植, 『續陰晴史』, 131쪽.

39) 鄭 喬, 前揭書, 75쪽.

40) 鄭 喬, 上揭書, 86쪽.

41) 金允植, 前揭書, 322~323쪽.
　　　五月 全羅道儒生等 原情于巡邊使李元會 革弊後錄 卽東黨也.

42) 吳知泳, 前揭書, 126~127쪽.

43) 鄭碩模, 「甲午略歷」『東學亂記錄』, 65쪽.

44) 全琫準, 供草再招.

45) 崔勝範, 「파랑새謠에 관한 私見」『韓國思想』第七輯, 日新社, 1964.
　　　새야 새야 綠豆새야 (八王, 파랑)
　　　綠豆밭에 앉지마라.　綠豆꽃이 떨어지면 靑包장사 울고간다.

46) 「양호초토등록」, 175쪽

47) 「供草」四次問目

48) 「주한 일본공사관 기록」3권, 210쪽

49) 위의 책, 2권, 40쪽

50) 위의 책, 1권, 90쪽

51) 위의 책, 3권, 19쪽

52) 「수록」, 39쪽

53) 위의 책, 38쪽

54) 「영상일기」6월 8일 25일조.

55) 「갑오약력」, 66쪽

56) 「순부선봉진등록」, 680쪽

57) 「駐韓 日本公使館 記錄」卷 機密 第136号, 本79.

58) 『淸日戰爭의 再照明』森山茂德「淸日戰爭中 日本軍部의 對韓戰略」引用

59) 「隨錄」甘結, 茂朱

60) 「오하기문」二筆.

61) 위의 책, 二筆 7월조.

62) 「隨錄」茂朱 執綱所.

63) 「오하기문」2필, 10쪽.

64) 위의 책, 3필, 10쪽.

65) 위의 책, 100~102쪽.

66) 「전봉준공초」삼초문목.

67) 「주한 일본공사관 기록」1권, 140~141쪽.

68) 「錦藩集略」『사료대계』4, 31~34쪽.

69) 「洪陽紀事」『사료총서』, 97~98쪽.

70) 「錦藩集略」43쪽.

71) 朴周大,「渚上日月」, 208쪽.

72) 「甲午略歷」

73) 「供草」사차문목.

74) 「주한 일본공사관 기록」1권, 129쪽.

75) 위의 책, 1권, 130~131쪽.

76) 「供草」사차문목

77) 「日省錄」9월 18일조.

78) 위의 책

79) 위의 책, 9월 22일조.

80) 「주한 일본공사관 기록」1권, 160쪽.

81) 「領上日記」

82) 「梧下記聞」三筆.

83) 「주한 일본 공사관 기록」

84) 「承政院日記」高宗, 31년 9월 22일

85) 貝良根「甲午農民戰爭原國論」4, 농민전쟁의 전개과정.

86) 「供草」사차문목.

87) 「梧下記聞」3필, 13쪽.

88) 吳知泳, 上揭書, 138쪽.

89) 「天道教書」『亞細亞研究』5－2, 309쪽.

90) 李敦化『天道教創建史』, 65쪽.

91) 「宣諭榜文竝東徒上書所志謄錄」, 381~382쪽.

92) 위의 책 같음

93) 「천도교 창건사」, 65~66쪽.

94) 「선유방문병동도상서소지등록」, 383~384쪽.

95) 「주한 일본공사관 기록」1권, 173쪽.

96) 「오하기문」3필, 17쪽.

97) 「공초」초초문목

98) 「감상기」앞의 책, 145쪽.

99) 신용하 「갑오농민전쟁의 제2차 농민전쟁」

100) 「오하기문」3필, 24쪽.

101) 「주한 일본공사관 기록」6권, 42쪽.

102) 「宣諭榜文並東徒上書所志謄錄」『東學亂記錄』(下), 379~380쪽.

103) 吳知泳, 前揭書, 134~135쪽.

104) 위의 책, 148쪽.

105) 金允植, 『續陰晴史』 卷七, 320쪽.

106) 黃 玹, 『梅泉野錄』(國史編纂), 178쪽.

제4장

19세기 후반 古阜의 弊政實態

1. 머리말

古阜郡은 穀倉地로서 封建經濟社會에 있어 주요한 지역이었다. 西勢에 의하여 봉건적 농업사회가 近代로 移行하는 과정에서 古阜郡民은 왜 봉기하였을까? 古阜郡은 歷史的 경제적으로 농민혁명을 주도할 수 있는 郡이었기에 봉건과 근대를 나누는 역할을 하였다. 이런 역사적 사건의 진원지였던 古阜郡의 弊政의 실태를 파악하기 위하여서는 먼저 동학농민들의 弊政改革要求사항[1]을 검토할 필요가 있다. 왜냐하면 이러한 검토를 통하여 고부군의 폐정을 알 수 있기 때문이다.

朝鮮社會는 농업을 주업으로 하는 가운데 王과 兩班의 敎化에 의해 통치되는 儒敎的 思想의 유포속에서 유지되어 왔다. 天主敎, 洋擾, 開港에 따른 대외관계와 政變에 따른 정치적인 배경은 이런 조선사회에 커다란 변화를 가져왔다. 외부적인 요인과 내부적인 제도의 모순에 따른 이유로 인하여 古阜가 東學農民革命의 진원지가 되었다는 연구들이 많다.[2]

保守派의 鎖國政策과 大院君의 집정기간의 보수쇄국정책으로 문호개방의 기회를 잃은 조선은 마침내 일본의 강요로 開港을 맞았다. 閔氏勢道政治는 淸國에 의탁하려고 하였고 開化派는 일본에 의존하는 등 당시의 정국은 혼란에 놓였다. 중앙정치 기강이 문란해지면서 조선사회는 탐관오리의 탐해가 극심하여졌다.

여기에 일본의 경제적 침투로 獨占商業圈이 형성되고 사상적 갈등속에 지배층이 몰락하게 되었다. 그런 와중속에서 사회계층의 분리가 급속히 일어나게 되고 사회는 더욱 혼란스러워졌다. 天主教의 追害에 따른 백성의 피해와 동학의 박해로 신원운동이 일어나는 가운데 정치의 변통하에서 관리들의 동요는 일본의 米穀輸出과 運輸로 이어지고, 제도적 문란속에서 탐관오리의 횡포는 더욱 백성을 착취하였다. 이러한 여건들을 살펴본다면 古阜郡의 弊政의 실태는 밝혀질 것이다.

2. 中央政治의 弊政實態

가. 開化와 斥邪의 갈등

근대적 과학기술과 자본주의적 사회체제를 새롭게 인식한 朴趾源, 朴齊家 등 이른바 북학파의 실학사상은 金正喜에게 깊은 영향을 주었다. 김정희의 實事求是 사상은 이후 開化思想으로 계승되었으며, 朴珪壽는 실학사상을 체득하여 吳慶錫, 劉大致, 李東仁 등 중인출신에게 전달하였다. 이들 중인지식인들은 동지를 규합하고 開化思想을 보급하여 金玉均, 洪英植, 朴泳孝 등 이른바 개화사상가들을 배출하였다.[3] 이들 개화사상가들은 이후 조선말기의 정치세력으로서 성장하여 그들의 이상을 실현하고자 많은 노력을 기울였다.

조선말기에 있어서 또 하나의 정치세력은 이른바 斥邪派라고 불리는 유학자를 중심으로 하는 집단이다. 이들은 천추교인과 개화파가 병인양요를 개항의 기회로 삼으려고 하자 적극적으로 반대하였다. 李恒老는 국난을 타게하자는 내용의 「辭同副承旨兼 陳所懷疏」[4] 라는 상소를 올렸고, 奇正鎭은 수호통상의 피해에 대한 상소를 올렸다.[5]

개화파와 척사파의 갈등은 대원군의 집권과 몰락, 민씨의 등장, 두번에 걸친 양요 등 일련의 사건과 맞물리면서 정치권의 혼란을 초래하였다. 이러한 정치적 혼란으로 말미암아 정책의 일관성을 상설하게 되었으며 결국 조선의 관리들의 폐정은 더욱 심하게 되었다.

나. 政治機構의 急變에 따른 弊政

1854년 高宗이 등극하자 대원군은 왕권을 강화하고 여러가지 정치기구를 개편하였다. 備邊司를 文武高官合議機構로 만들고, 議政府를 정치의 최고 기관으로 삼았으며 三軍部를 군사기관으로 삼아 文武權을 분리시켰다.[6] 이에 따라 備邊司의 소관업무는 축소되고 지위는 격하되었다.[7] 이러한 정책은 조선초기의 통치제제로 되돌아가는 것으로 국왕 명령체제의 일원화라고 할 수 있겠다.

개항으로 인하여 1876년 4월 禮曹參議 金綺修 등이 修信使로 일본에 다녀온 후 일본의 신문물을 소개하는 『日東記游』로 복명하였다. 이들 修信使는 假公便官 設置, 公使의 京城駐在 및 開港場 選定 등을 수차 교섭하면서 국제정세의 변화에 따른 외교 및 통상사무를 관장하는 기구의 설치를 권고하였다. 1880년 재차 禮曹參議 金弘集이하 58인이 일본에 1개월동안 체류하여 일본의 신문물을 관찰한 후, 귀국보고와 『私擬 朝鮮策略』이라는 책을 바치고 이에 부응할 새로운 부국강병책을 수

립할 것을 건의하였다.

또한 이때 청의 李鴻章은 1879년 7월 李裕元에게 보내온 서신중에 武備強化와 歐美諸國과의 통상을 권고하면서 이러한 사무를 관장하는 新衙門설치의 불가피성을 시사하였다.[8] 그리하여 조선정부는 이를 계기로 복잡한 外務, 通商, 內外政治 등을 처리하기 위한 정치제도의 대개혁을 단행하여 청의 「統理衙門」을 모방한 「統理機務衙門」을 설치하였다.[9]

軍制도 5營을 2營(務衙, 壯禦營)으로 개편하고 別技軍을 창설하여 신식훈련을 시작하였다. 統理機務衙門은 1881년 1월에 紳士遊覽團을 일본에 파견하였으며, 중국에는 領選使를 파견하였다. 신사유람단의 귀국복명 후인 1881년 11월에는 정부기구가 12사에서 7사로 개편되었다.[10] 이는 11개월만에 이루어진 기구개편이었다. 여기에 少壯氣銳한 인물로 실무를 담당하게 하는 副經理使를 두었다.[11] 군제의 개편으로 신식군대인 別技軍과 구식군대 사이에 차별이 심하였다. 결국 임오군란이 일어나게 되어 5군영과 삼군부가 복설되고 통리기무아문이 폐지되었다. 군란이 평정되고 나서 1882년 11월에 「統理衙門」을 「統理交涉通商事務衙門」으로 바꾸었다.[12] 이러한 빈번한 기구개편과 인사의 잦은 교체는 조선정부의 정책을 혼선에 빠뜨렸다.

다. 閔氏 勢道下의 弊害

1) 賣官賣職에 의한 弊政

대원군이 권력을 상실하자 권력은 민씨 일파에게 돌아가게 되었다. 이들 민씨일파들은 자신들의 안위를 위하여 많은 재정을 낭비하였다. 국고가 고갈되자 이들은 賣官, 賣職, 賣科를 통하여 재원을 조달하였다.

그 실례를 몇가지 들면 다음과 같다. 고종1년 2월 함경도 利原張世冶이 軍威, 丹城 양읍의 蕩穀給代로 3만냥을 내자 六品의 품계를 주고 수령의 자리를 기다려 차송토록 하였다.[13] 또 南奎熙는 10만냥, 鄭淳元은 20만냥으로 奎章閣 直閣을 買職할 수 있었다.[14] 또한 湖南均田使로 규탄을 받던 金昌錫은 수십만냥을 진봉하여 승지까지 올라갔다.[15]

주한일본외교관의 기록에 따르면 賣官職은 1866(무술)년의 시세로 監司는 2만내지 5만냥, 府使級은 2, 3천냥에서 4, 5천냥, 郡守 縣令은 천냥내지 이천냥이라 하였다. 지방관은 錢主와 예약하여 拜命卽時로 금액을 上納하고 赴任하자마자 수탈하기 시작했으며, 왕실에 대한 헌납이나 권문에 상납의 다소가 중임이나 해임이냐를 결정하였다.[16] 이로보아 관직의 임명과 유지는 오로지 금전에 의해서 이루어지며, 이 돈은 결국 백성에게 苛斂收奪한 것으로 채워지므로 백성의 생활은 도탄에 빠지고 그들의 원성은 하늘을 찌를듯 했다.

이런 賣官의 종류는 다음의 몇가지로 나누어 볼 수 있다. 먼저 借銜이란 민간의 富名을 듣는 白頭平民들이 발단과정의 직함을 금전으로 매매하려는 것으로 都事나 同知監察 參奉을 借名하는 것이다. 또 空名帖이란 빈 발령장으로 미리 공명첩을 송달해 놓고 후에 奸吏輩와 挾雜悖類들이 부호들에게 금액을 요구하는 것이다.[17] 拘同知란 개에게 잘못 내려진 벼슬로써 공명첩을 발급하는 경우이다.[18]

平安道御使 洪萬植의 啓에 따르면 刀筆胥吏가 空名砧을 받아 饒民을 庫監으로 勒差하고 免債하여 조석으로 遞改하니 金穴銅山과 같았다고 한다. 1869(고종8년)부터 1871년까지 3년간 儒鄕名帖의 발급수는 247장이나 되고 이의 貨賂實摠은 11,800냥에 이르렀다.[19]

지방의 守令傍白은 언제 遞任 轉勤이 될지 알 수 없기 때문에 권문에 상납하여야만 그 자리를 보전할 수 있었다. 결국 이러한 재원은 백성에게서 거둘 수 밖에 없었다.

吏胥와 地方民은 일년에도 몇차례씩 행해지는 新舊官迎送에 더욱 쪼들리고, 또 강제매매의 借衙 空帖이 난무함에 따라 빈부를 막론하고 뜯기고 골탕먹는 것은 백성들 뿐이었다. 이러한 폐단은 매관매직의 성행에 따른 탐관오리의 횡포 때문이다.

2) 賣科擧와 濫設에 의한 弊政

朝鮮은 兩班官僚에 의해 운영되는 나라이다. 따라서 관료선발시험인 科擧는 매우 중요한 위치를 차지하고 있었다. 과거는 3년마다 실시되는 式年試(子, 卯, 午, 酉)인 정기시험과 增廣試, 謁聖試, 慶科試 등의 別試가 있다. 이 과거제도의 종류와 정원을 살펴보면 다음과 같다.

〈표 1〉 科擧種類와 定員表[20]

科　別			初　　試(명)	覆　試	
文科	大　科		館試(50) 漢城試(40) 鄕試(15) (240)	33	
	小科	生員	鄕(500) 漢城(200)　(700)	100	
		進士	鄕(500) 漢城(200)　(700)	100	
式　科			院(70) 鄕(120)　(190)	28	
雜科	譯　科		漢(45)蒙 倭 女眞學(각4)　(57)	13 각2	
	醫　科		典醫監(10)		
	陰陽科		天文(10) 地理(4) 命課(4) 觀象監(18)	5 각2	
	律　科		刑曹(18)	9	

표를 통하여 알 수 있는 것처럼 전국의 학생은 成均館儒生 200인, 四學 400인, 鄕校生徒 14,950인으로 총학생수는 15,550인이었다.[21] 이는

인재를 양성하고 官僚豫備軍을 기르는 제도로서 조선을 지탱하는 근간이라 할 수 있다. 그러나 과거시험은 민씨들에 의하여 금전에 의하거나 아니면 특정인물을 발탁하기 위한 시험으로 전락하였다. 급제자가 너무 문제가 되는 경우도 있다. 武科 初任에서 임기가 차서 승격할 자리가 없게 되자 허사과에 부속시켰는데 적체가 심하여 고종10년에는 虛司果의 수가 140여인이던 것이[22] 고종18년에 이르러서 200여인이나 적체되었다.[23] 고종22년의 乙酉式科生進會試때에는 一百人을 증가하여 선발하고 증원선발자에 대하여는 2만냥씩 매상토록 하였으며 시험이 혼동탁란하여 加取放賣가 되었다.[24]

과거를 실시한 회수를 보면은 고종 27년 2월 15일부터 28년 12월 20일까지 23개월 안에 27년에 9회, 28년에 28회 실시로 모두 37회이다.

즉 1개월 안에 평균 1.6회를 시행하였는데, 28년 2월에는 4회를 시행하기도 하고 연이어 2일간에 실시한 것도 3번이나 되었다. 또한 많을 때는 수험인이 137,590명이나 되었다.[25] 즉 10만명이 넘는 많은 인원이 응시하는 경우가 많이 있었으며 이에 따라 많은 급제자를 선발하게 되었다. 국가의 기간인 과거의 대과를 통한 급제자수를 보면 다음과 같다.

〈표 2〉純 憲 哲 高宗朝間 文科施行表[26]

구 분	在位期間	施行回數	及第者數	비 고
純 祖	34	51	985	
憲 宗	15	23	453	
哲 宗	14	26	477	
高 宗	31	81	1692	
계	94	181	3607	

1801년-1894년 까지 純祖, 憲宗, 哲宗期 63년간 걸쳐 100회의 과거가 실시되어 1,915명이 급제하였다. 고종기 31년간 81회의 과거가 실시되어 1,692명이 급제되었다. 기간은 반인데도 실시희수는 비슷하며 급제자는 1.5배 정도가 되었다.

壬午軍亂이 끝난 후 고종 22년에는 3회 125명, 28년에는 5회 138명을 합격시켰고, 29년에는 111명, 30년에는 4회 62명, 31년에는 1회에 59명을 합격시켰다. 이러한 과거제도는 결국 甲午改革에 의해 폐지되었다.

科擧의 及第與否는 금전의 액수에 의해 결정되었다. 初試는 처음에 2, 3백냥이던 것이 5백냥에 이르렀다가 고종 31년에는 천냥이 보통이었으며 會試는 대체로 만냥 정도였다.[27] 富貴有閑한 인사들은 貧窮한 儒生에게 금전을 주어 과장이 벌어지면 巨擘(代制者)과 寫手(代書者)로 하여 응시하게 하였다.[28] 이러한 시험과정에서의 폐단과 함께 또 하나 심각한 것은 한 개인을 위하여 과거를 실시하는 것이다. 이러한 예로는 軍亂때 閔妃를 휘종한 尹泰駿과 修交에 공이 있는 이조강 두사람을 위하여 설과한 경우가 있으며, 金玉均을 살해한 洪鍾宇를 위해 설과한 경우도 있다.[29]

科擧는 權力과 金力에 의해 결정되었으며 민씨족을 위한 시험으로 전락되었다. 결국 민씨일파는 과거를 통하여 천여 명 이상이 요직을 차지하였다.[30] 이와같이 과거가 남설되고 매관매직이 횡횡함에 따라 그 피해는 백성들의 몫이 되었다.

3. 開港後 外國經濟의 浸透와 朝廷의 失政

지금까지 19세기 후반 중앙정치의 폐단을 정치기구의 개편에 따른 폐단과 민씨정권이 자행한 폐단을 중심으로 살펴보았다. 이러한 폐단과 함께 외국경제의 침투에 따른 폐단 역시 심각하였다. 이제 여기서는 개항후에 외국경제가 어떻게 침투하였으며, 조선정부가 어떤 조치를 취하였으며, 그 과정에서 어떠한 폐정이 나타났는지에 대해 살펴보고자 한다.

가. 經濟政策의 彌縫策으로 인한 被害

일제의 강압에 의하여 체결된 강화도조약은 그 자체가 불평등한 것이었으므로, 개항이후 일본의 경제적 침투는 예견된 것이었다. 조선왕조는 물밀듯이 들어오는 외국의 경제적 침투에 대응할만한 능력을 스스로 가지지 못하였다. 따라서 對日貿易의 逆潮現象은 필연적인 것이었다.

농경산업사회에 서구 자본주의산업이 침투하자 조선의 취약한 農耕産業構造가 크게 흔들리게 되었다. 이에 농민들은 경제생활의 타개를 위하여 상업활동을 하지 않으면 안되었다. 자급자족경제에서 시장경제로 이전해 가는 과정에서 산업구조의 변화와 병행하여 日本으로의 米穀의 密搬出이 극심하여 국내의 米價는 폭등하게 되었다. 새로 유입되는 생활용품에 대한 호기심은 값비싼 생활용품의 구입으로 막대한 대가를 지불하였다.

大院君이 下野함에 따라 權力은 閔氏一派에게 넘어갔다. 이들 민씨일파는 국가적인 자원의 정책을 펴 나가는 것이 아니라 자신들의 立身과 富貴만을 생각하였다. 이러한 상황속에서 외국의 경제침투에 대하여는 무방비상태가 되었다. 丙子修好條約 이후 원산항이 개항한 이래 1880년 5월부터 12월까지 7개월 동안에 일본상인과 교역한 것을 보면

수입이 245,250원이고 수출이 135,880원으로 111,270원을 초과수입하여 49%정도를 더 수입하였다.[31]

이러한 현상은 백성들이 외국의 상품에 많은 호기심을 가지고 낭비를 일삼기 때문이다. 따라서 비례적으로 정부의 수입은 줄어들어, 정부는 차관에 의존할 수밖에 없었다. 이는 바로 세금의 원천인 전답의 출세가 줄어들었다는 것을 의미한다. 이제 여기서 전답의 출세가 어느 정도 줄어들었는지 전국의 전답 出稅實結數를 통해 살펴보자.

〈표 3〉 出稅實結數表[32]

年　　　代	田畓出稅結	비　　　고
1864(고종 1년 甲子)	776709	
1874(고종11년 甲戌)	805303	＋ 28594
1884(고종21년 甲申)	799123	－ 6180

위 표를 통해 볼 때 대원군 집권시기인 1874년에는 약 3만결 정도가 증가하고 있지만 민비집권시기인 1884년에는 오히려 6천결 정도가 줄어들고 있다 이제 조세징수현황을 좀 더 구체적으로 살펴보자.

아래 표에서 비교해 볼 때 田米만 2,700여 석 증가하였고 나머지는 모두 감소하였다. 이러한 국고수입의 감소는 왕실의 낭비로 인한 결과이며 이후 재정적 병폐와 사회의 불안이 점차 심하여졌다. 왕실이 국고를 어떻게 낭비했는지 다음의 예를 통하여 알 수 있다. 민비는 세자책봉을 위해 李裕元을 내세워 내외로 운동하면서 많은 비용을 사용하였고, 淸朝延과 교섭할 때 李鴻章에게 막대한 뇌물을 주었다.

<표 4> 高宗年間 時在 會計簿 對比表[33]

品目 \ 年度	고종1년	11년	비교	18년	비교
黃 金	100양	151양	증 51%	144양	감 7양
銀 子	211199양	154933양	감 27%	63405양	감 91528양
錢 文	460002양	1635498양	증 225%	141829양	감 493669양
綿 袖	54동	87동30필	증 61%		
木	2063동	5330동	증 158%	484동	감 4846동
米	963338석	205794석	증 165%	90747석	감 115047석
太	9582석	38320석	증 299%	11697석	감 26623석
田米	8184석	1467석	감 82%	4170석	감 2694석

또 세자의 무고와 왕실의 무사를 기원하여 巫堂 卜術 盲人등의 잡배들에게 난잡한 비용을 함부로 지출하였고, 金剛山 一萬二千峯 마다 4냥, 米 1石, 布 1疋을 供하여 世子의 무병장수를 축원하였다. 그리고 倡優의 춤 한번에 삼천냥을 상으로 내렸으며, 점 한번 잘 치면 精絹 百匹에 금 1만냥을 주었으며, 巫女는 王貫子의 권세를 누렸다.[34]

나. 防穀令과 米穀 密貿易에 따른 弊害

日本과의 貿易은 對馬島를 통하여 공식적으로 이루어지고 있었다. 朝·日 修好 約規가 체결된 후에는 日本商社에서, 日本商人 또는 朝鮮의 旅閣主人을 통하며 무역이 이루어졌다. 그런데 일본상인들은 미개항지까지 침투하여 米穀과 大豆를 사들였다. 이에 값은 폭등하고 흉작까지 겹치자, 米穀은 품귀현상이 나타나게 되어 심각한 사회문제가 되었다. 이에 따라 지방관들은 放穀令을 실시하지 않을 수 없었다. 放穀令은 한발, 수해, 병란, 흉작 등으로 인하여 미곡이 타지방에 유출됨으로서 미곡가가 등귀하는 것을 방지한다는 취지에서 지방관이 직권으로 실시할 수 있었다.

黃海道 觀祭使가 처음 放穀令을 실시하자, 日本은 韓·日通商章稅의 제37관 '糧米輸出을 禁止하려고 할때는 1개월전에 日本領事館에 알린다.'라는 규정, 貿易規則의 제6칙 '港口에 佳留하는 日本人은 쌀과 잡곡을 수출할 수 있다'라는 규정, 그리고 제7칙 '日本船舶은 港稅를 납부치 않는다.'라는 규정 등을 내세워 사사건건 조선 정부에 항의하였다.

1889년(고종26)5월에 黃海道 觀察使 趙秉式 이大豆 2130石을 적재하고 仁川으로 향하던 배를 정지시키자, 日本商人들은 사전 아무런 통고 없이 운반정지를 시켰다는 이유로 公館에 해결을 요청하였다. 이에 外衙門督辨 趙秉稷은 放穀令을 해제하라고 명하여 해결되었다.

그러나 일본상인은 21일간의 수송정지로 인하여 발생한 손해에 대해 배상금을 요구하였다.

咸鏡道에서 한차례, 黃海道에서 한차례의 방곡령사건이 발생하였다. 이 세 건의 방곡령사건으로 일본상인이 배상청구한 금액은 144,989,278엔이었다. 여기에 이자 72, 524,729엔까지 포함하여 총 217,505,070엔이라는 금전을 배상하고 방곡령사건은 끝을 맺었다.

이 사건으로 黃海道 觀察使 趙秉式은 명령항거라는 죄목으로 3개월 감봉 처분을 받았다.[35]

그러나 일본측은 이러한 처벌에 불만을 표시하고 그의 경질을 강력하게 요구하였다. 일본은 조선이 만약 이를 거절할 때는 군함을 파견하겠다고 위협하였다. 이에 조선정부는 조병식을 강원도 관찰사로 전입시켰다. 결국 방곡령사건은 외교문제로 비약하여, 외교적으로 커다란 수모를 당했을 뿐만 아니라 굴욕적인 배상까지 하지 않으면 안되었다.

미곡이 대량 유출되는 것은 조선의 미곡가격이 일본보다 1/3정도 저

렴하기 때문이다. 일본상인들이 米 豆를 수입해 간 것을 살펴보면 다음과 같다.

〈표 5〉 米 豆 輸出量[36)]

年度	米穀(擔)	豆類(擔)
1885	9800	28000
1887	67500	304500
1889	34500	447300
1890	874600	2037800

위 표에서 볼때 그 수량이 급격히 증가하고 있음을 볼 수 있다. 농업 생산량의 증대는 한계성을 가지고 있기 때문에 설사 풍년이라 하더라도 자급자족할 수 있을 뿐이었다. 따라서 이처럼 많은 양의 미곡을 일본상인이 가져갈 경우 일반백성들은 매우 궁핍한 생활을 하지 않을 수 없었다.

다. 外國商品 浸透로 인한 被害

開港으로 인하여 資本主義 국가의 생활용품이 밀려들어오자 자급자족의 경제상태에 있던 조선의 경제상태는 커다란 혼란에 직면하게 되었다. 생필품 유입은 일본상인들에 의한 독점적으로 행하여졌는데 褓負商, 旅閣, 客主 등에 의해 거래되었다. 石油, 洋綿, 染料, 洋鐵 등의 생활용품은 가정생활이나 산업면에서 커다란 변화를 가져왔다.[37)] 한가지 예로 면포의 경우를 보면 개항이전까지는 綿布를 수출하고 있었으나, 개항이후 일본의 면포가 대량생산을 함에 따라 품질도 우수하고 가격면에서도 절반정도로 싸기 때문에 재래면포는 그 경쟁에서 뒤떨어 질 수

밖에 없었다. 이는 釜山港의 綿布貿易量을 보면 쉽게 알 수 있다.

〈표 6〉 釜山港의 綿布貿易[38]

품목	輸出 (1876.11)	輸入 (1878)	비 고
天竺木綿	367本	12139本	
唐 木 綿	1075本	40111本	
綾 木 綿	45本	304本	
寒 冷 紗		1349本	
木 棉		803疋	1876년

開港으로 인하여 浦口에서 외국상인 특히 일본상인에 의한 피해가 매우 심하였다. 일본상인들은 포구에 세금을 내지 않고 통상활동을 하였다. 또 통상개항처가 아닌 포구에서도 통상활동을 하였다.[39] 일본상인들은 차츰 그 세력을 확장하여 漁撈요충지 130여 리, 漁場 2,000여 곳을 점거하고 釜山港의 수천호의 어업이권을 확보하였다.[40] 이 때문에 어획고는 점점 감소하였으며, 어물의 매매가 일상인에 좌우됨으로서 조선의 어물전은 유지하기가 어려운 형편이 되었다.[41] 그런데 조정은 이러한 문제에 대하여 일본과 교섭하지 못했으며, 여기에 대한 대책을 세우지도 못하였다.

浦口에서의 弊害는 日本商人에 의해서만 발생하는 것은 아니었다. 포구에서 교역이 활발해지자 각종 세금이 징수되었다. 특히 내수사, 충훈사 등의 무명신세가 계속해서 징수되었다.[42] 이러한 포구에서의 濫稅는 처음부터 官吏 土豪의 세력을 믿거나 혹은 各官 京司의 공문에 빙자하여 자행되었다.[43] 또한 이러한 피해는 어염의 매매두절과 어염가의 앙등을 가져왔다.[44]

4. 19세기 後半 古阜의 弊政實態

지금까지 중앙정부의 폐정과 외국경제의 침투에 따른 폐정을 살펴보았다. 이제 이를 바탕으로 古阜에서의 폐정이 어떠하였는지에 대해 살펴보고자 한다.

가. 守令의 削遞

19세기 후반 守令의 교체가 빈번하여 많은 폐해가 뒤따랐다. 『經國大典』에 따라 지방관의 임기를 보면 觀察使가 360일, 守令이 1800일이었으며,[45] 續大典 규정에 의하면 堂下官 수령은 30개월, 堂上官 수령은 20개월, 邊坊守令은 12개월, 侍從守令은 15개월로 되어 있다.[46]

1611 – 1881년 사이에 각 읍지의 先生案을 통해 수령의 평균재직월수를 살펴보면 和順縣이 29.5개월, 同福縣이 25.3개월, 鎭川현이 24.2개월, 恩津縣이 26.4개월, 金山郡이 28.7개월, 古阜郡이 18.5개월이었다.[47] 그 한 예로써 고부군의 경우를 살펴보자.

19세기 말기 古阜郡의 수령재직임기의 실태를 보면 1862 – 1894년까지 32년간에 걸쳐 29명이 임명되었다. 그런데 이들 중 임기기간을 다 채우고 떠난 수령은 한사람도 없었고 모두 중간에 교체되었다.[48] 이는 단순히 고부군에서만 일어나는 일이 아니라 호남지방의 대부분의 군현에서 비슷한 양상으로 나타났을 것으로 여겨진다.

수령의 빈번한 교체는 鄕民에게 歡迎과 送別宴에 대한 막대한 물질적 피해를 주었을 뿐만 아니라 농사를 짓는데 허다한 피폐를 가져왔다. 또한 잦은 교체로 인하여 수령은 지방행정을 실제 담당하고 있는 읍리를 관리하기도 어려웠으며, 현황파악도 제대로 하지 못하였다. 이는 '향리는 주인이고 수령은 객이다'라는 단적인 비유에서도 그 실정을 짐작할 수 있다.[49]

<표 7> 古阜郡 守令在任期間

姓　名	赴任年月 - 退任年月	在任期間	비　　고
尹守潤	1862. 12 - 1864. 4	17개월	
宋永老	64. 5 - 66. 6	25	
趙龍熙	66. 7 - 69. 10	39	
朴奎東	69. 11 - 72. 2	27	
閔喆鎬	72. 2 - 74. 4	26	
趙熙軾	74. 5 - 75. 4	12	
李秀殷	75. 5 - 77. 5	21	
徐相祖	77. 6 - 78. 5	12	
李雲溥	78. 6 - 80. 3	22	
李勝宇	80. 4 - 83. 11	43	
尹昌燮	83. 12 - 85. 7	22	
李膺愚	85. 8 - 87. 2	18	
金胤鉉	87. 3 - 87. 11	9	
李喜翼	87. 12 - 88. 3	4	
金炳億	88. 4 - 89. 3	12	
宋秉斗	89. 4 - 89. 4	0	
趙秉甲	89. 4 - 89. 4	0	益山郡守전임
宋秉弼	89. 4 - 91. 6	27	安岳郡　移拜
徐綺輔	91. 7 - 92. 3	9	不赴任　身病　辭職
趙秉甲	92. 4 - 93. 11	20	不赴任　身病　辭職
李垠容	93. 11 - 93. 12	2	不赴任
申佐默	93. 12 - 93. 12	0	不赴任　內禁將移任
李奎百	93. 12 - 93. 12	0	不赴任　身病　辭職
河肯一	93. 12 - 93. 12	0	持爲仍任
朴喜聖	93. 12 - 93. 12	0	前奄安縣監?
康仁喆	93. 12 - 94. 1	1	
趙秉甲	94. 1 - 94. 2	2	
朴源明	94. 2 - 94.		

　　수령의 잦은 교체와 함께 더욱 심각한 폐단은 曠官의 폐단이다. 曠官이란 임명을 받고도 수 십 개월 씩 비워둠에 따라 한 수령이 5-6개의 군현을 겸하여 다스리는 것이다. 이러한 曠官으로 말미암아 公納이 연체되고 吏逋가 더욱 많아져 민원이 되었다.[50]

나. 古阜郡守의 作弊實態

1877(고종14) 全羅右道 暗行御史 魚允中의 보고에 따르면 前고부군수 李秀殷은 官賑米 145석, 取剩米 270석 및 600냥, 推給 賑色 768냥, 損書 2,000냥, 鄕排 1,713냥 監紙價 1,400냥, 俵實出米 219석, 公金 7,698냥, 官需排 13,319냥 등 총 3만 2천여 냥을 착취하였다. 이처럼 고부군수의 작폐는 그 규모가 실로 엄청난 정도였다.

이제 동학농민혁명의 직접적인 발단이 된 趙秉甲의 작폐실태를 살펴 보자. 越秉甲은 豊壤趙氏로 前忠淸道觀察使 趙秉式과 당시 觀察使 趙秉鎬와 일족이며, 吏曹判書 沈相熏과 親査의 관계에 있었다.[51]

그는 20개월 동안 고부군수로 있으면서 다음과 같은 폐정을 저질렀다.

1. 民洑 아래 새로 洑를 쌓아 上沓은 1두락에 2斗, 下沓은 1斗씩의 세를 부과하여 모두 7백여 석의 벼를 거두어 들였다.[52] 이를 禮洞斗田 白山 등의 세 곳에 쌓아 놓으니 농민의 원성이 비등하였다.[53]
2. 진황지를 백성에게 경작시키고 추수 뒤에 늑정하였다.
3. 부호한 농민에게 不孝 不睦 淫行 雜技등의 애매한 죄목으로 2만여 냥의 재산을 늑탈하였다.
4. 大同米를 精白米로 16斗씩 징수하고는 국고에는 醜米로 납부하여 그 이자를 모두 착복하였다.
5. 泰仁縣監을 지낸 부친 비각을 세운다고 1,000여 냥을 거두었다.
6. 보를 쌓는데 남의 산에서 거목을 베어다 썼으며, 노역을 시키고 임금을 한푼도 주지 아니하였다.[54]

조병갑의 작폐는 이처럼 다방면에 걸쳐서 행하여 졌으며 규모도 매우 엄청난 정도였다.

다. 均田 轉運使의 作弊

　　1876년(고종13년)과 1888년(고종25년)에 旱害로 인하여 땅이 황폐하여
지자 농민들은 국세를 낼 수 없어 도망치는 일이 많이 발생하였다. 그
런데 고부를 비롯한 전라도 지방이 정도가 특히 심하였다.　이에 조선
정부는 副司果로 있던 金昌錫을 均田使로 임명하고 그에게 개간을 추
진하도록 임무를 주었다.[55] 이 金昌錫은 均田使라는 자리를 이용하여
많은 작폐를 행하였다. 그는 陣地에 대하여 이미 개간한 것에는 삼년에
한하여 自耕케 하고, 김제 등 7읍에 陳田이 아직 많아서 未起墾流國結
合計 3,744는 蠲漠하고 새로 開墾한 농민에 잡역을 면제시켜 줄 것을
품의하였다. 이러한 요청은, 국가수입의 소중함에 비추어 개간지의 잡
역 면제를 균전사가 직청한다는 것은 정상적인 도리가 아니라는 이유
로 從重推考를 당하였다.[56]

　　김창석은 陳荒地만이 아니라 양답까지도 冒入하여 結上을 없애준다
고 기만하여 매두락에 元賭租 외에 3, 4, 5두씩 加推하였다.[57] 또한 그
는 면세를 구실로 부호나 노는 자로 개간하게 하고 추수시에는 전년의
장부에 의거하여 징세하였다.　그런 다음 중앙에는 이를 災結로 보고하
고 자기 田庄의 진황지로 대신하게 하여 사복을 채웠던 것이다.[58]

　　均田使의 본래의 임무는 황무지를 개척하여 백성의 어려움을 구하는
데 있다. 그런데 균전사는 이것을 기화로 백성의 땅을 빼앗아가서 자신
의 재산을 증식하는데 이용하였던 것이다.[59]

　　轉運使의 임무는 大同米를 거두어 한양으로 운송하는 것이다. 그런
데 그들은 운송비인 船價米를 받는 과정에서 농민들에게 많은 이윤을
착복하여 백성들에 원성을 사게 되었다.[60]

　　이 轉運使로 악명을 떨친 사람은 趙弼永이다. 그는 전라도 세미를

운송하는 일을 감독하는 위치에 있으면서 농민을 수탈하였다. 전운사 조필영은 일찍이 金堤郡守를 역임하였고[61] 고부군수 조병갑과는 지친으로 보여진다. 이런 조필영은 일찍이 '(김제군수로 있으면서) 미납 세금은 받으려 하지 않고 양여 미만 횡령을 하였다'는 김제군수 李徹愚의 고발로[62] 60대 곤장에 7년을 귀양살이에 처해진 바도 있었다.[63]

그는 大同米를 上等米로 징수하고 下等米를 납부하여 이윤을 착복하였으며 船價米로 稅米 한 섬에 3되를 받은 다음 운송도중 減耗量(乾鼠縮)이라는 명목으로 세미 한 섬에 3되를 더 받아 자신의 것으로 만들었다.[64] 세미의 운반비 가중 외에도 전운사 조필영의 작폐실태를 살펴보면

1. 잉여미의 징수,   2. 세목의 신설,   3. 운송비의 이중과세,
4. 기선구입비의 과세,   5. 기선의 소요,   6. 역졸의 징용,
7. 세미의 활중징수 등 그 방법이 너무나 악랄하였다.[65]

라. 田稅 宮房田稅 洑稅에 따른 作弊

국전의 법에 따르면 국세는 每一結當 田稅6斗, 大同12斗, 三手米 1두 2升, 砲粮米 1斗3升, 結錢 5錢으로 모두 20여 두에 지나지 않았다. 그러나 국세외에 雉柴米 4斗, 船價米 3斗 5升을 내야 했으며, 그 외에도 많은 명목의 세금을 내야만 하였다.[66] 그리하여 1결의 세미가 거의 100두에 가까웠다. 또한 각 지역마다 그 기준이 다르게 적응되는 경우도 있었다. 똑같은 1결인데도 경기에서는 100두락을 1결이라고 하고, 호남에서는 20두락을 1결이라고 하였던 것이다. 따라서 호남에 살고 있는 농민들이 부담한 세금은 다른 지방보다 훨씬 더 많다는 것을 알 수 있다. 이러한 전결의 폐단은 官吏, 土豪, 牟利輩 등에 의하여 더 더욱 심하게

행하여졌다.[67] 이제 전라도 수조안을 통하여 몇 가지 사실을 살펴보자.

〈표 8〉 全羅道 收租案[68]　　　　　　　　　　　　　　　　(단위 : 結)

郡　別	元田畓	畓	郡　別	元田畓	畓
全　州	20920	11265	興　德	3809	2294
礪　山	4437	2715	扶　安	8532	4192
益　山	4472	2690	沃　溝	5776	4482
金　堤	10459	5805	咸　悅	4217	2321
古　阜	8819	5709	龍　安	1853	1291
臨　陂	7510	4964	高　敞	2503	1315
萬　頃	4136	3404	泰　仁	8853	4684
金　溝	4785	3359	高　山	3410	1305
井　邑	2791	1517			

위의 표에서 볼 때 古阜는 全州, 金堤 다음으로 그 규모가 크다. 즉 고부는 다른 지역보다 더 많은 세금을 냈다. 그런데 이러한 사실은 고부군이 다른 지역보다 더 많은 부담을 해야한 다는 의미이기도 하다.

고부군의 토지 상황을 구체적으로 살펴보면 『古阜郡邑誌』에 나타난 元田畓의 규모는 총 8,819結 86負였는데 이중 旱田(田)이 약35.3%인 3,110結 78負 2束이었고 水田(畓)이 약 64.7%인 5,709結 7負 8束이었다.[68-1] 물론 이는 경작이 실제 이루어진 규모를 나타내는 것은 아니었다. 왜냐하면 量案에 등재된 토지라 할지라도 농사를 지을 수 없는 황폐한 토지인 陳荒地가 포함되어 있었기 때문이다.

<표 8-1> 古阜郡의 耕作地 및 收租田畓現況

免稅田畓 : 318결 59부 8속 [田 : 146결 96부 7속, 畓 : 171결 63부 1속]
陳結田畓 : 2,412결 35부 3속 [田 : 1,669결 9부 9속, 畓 : 743결 25부 4속]
加耕田畓 : 13결 47부 3속 [田 : 9결 87부 6속, 畓 : 3결 59부 7속]
耕作田畓 : 5,921결 43부 2속 [田 : 1,451결 55부 9속, 畓 : 4,469결 87부 3속]

궁방토는 관아의 경비조달과 궁방의 식토로서 소작인에 의해 경작되었다. 전라도는 전국에서 각궁방 衙門免稅田績이 가장 많은 곳이다. 아문면세전적이 많은 것은 그만큼 전라도 지방에 궁방전이 많다는 것이기도 하다.

궁방전의 확대는 다방면에서 이루어졌다. 浦落이나 實頉되었던 泥出處를 공한서라고 하여 개간하여 궁방에 부속시켰으며,[69] 또 니출처를 개간한 것을 점탈하는 경우도 있고, 백성의 장토를 횡탈하기도 하였다.[70] 이와 같이 궁방에서 전토를 매점 확대시킴으로써 농민들은 경작면적은 줄어들었다. 全羅道 金堤, 萬頃, 全州, 益山의 屯稅는 본래 粮餉廳에 속했으나 壬子年 이후로 稅錢老千兩을 明禮官에 부속시키고 그 나머지는 모두 도장배들이 나누어 먹었다.[71] 이와 같이 궁방전에 있어서 導掌이나 胥吏輩의 作奸 侵虐의 작폐가 심하였다. 또한 서리배들이 各官無土結의 收稅에서 混徵하여 取剩하는 폐도 여전하였다.[72] 즉 각궁방의 導掌輩가 宮房權勢에 籍耗하여 농민들을 침학하고[73] 궁세를 농간함에 따라 피해를 입게되는 것은 농민들뿐이었다.[74]

<표 9> 各宮房 衙門土[75]　　　　　　　　　　　　　　　　　　　　(단위 : 結)

道　別	宮房田	衙門	계	비고
京畿道	922	5790	6812	
忠淸道	268	4026	4294	
全羅道	2666	13608	15274	
慶尙道	661	9409	10070	38.2　29.8
黃海道	1997	5492	7489	
江原道	61	55	116	
平安道	312	7341	7653	
합　계	6887	45721	52608	

<표 10> 全羅道 衙門田 宮房雜位土[76]　　　　　　　　　　　　　(단위 : 結)

郡　別	衙門田 宮房 雜位土			
全　州	823	高　敞	79
金　溝	73	泰　仁	460
井　邑	134	金　堤	283
興　德	56	古　阜	535
扶　安	487		
합　계　2,920			

<표 11> 古阜郡 宮房田土[77]　　　　　　　　　　　　　　　　　(단위 : 結負束)

宮房	畓	田	計	耕作人
忠勳府	26.36.7	6.15.8	32.52.8	257
毓祥宮	80		80	
龍洞宮	278.67.3	17.18.9	195.86.2	1208
明禮宮	8.18.8		8.18.8	46
錦尉房	4.43.6	5.56.4	10	58
明惠公主榜	5.13	1.27.9	6.40.9	
계	402.78.4	30.19	432.98.4	1559

위의 표는 全國의 宮房田, 全羅道의 宮房田, 古阜의 宮房田에 관한 내용이다. 표에서도 알 수 있는 것처럼 全羅道가 다른 지방보다 훨씬 많은 궁방전을 가지고 있다. 全羅道에서는 全州, 古阜 등이 궁방전을 많은 가지고 있는 고을이다. 궁방전이 많다는 것은 그만큼 일반 백성들의 경작지가 적다는 것을 나타내주는 사실이기도 하다. 다시 말해 자작농보다는 소작농들이 많다는 것이다. 따라서 고부농민들은 관리나 도장들에 의해 피폐당하는 확률이 더 많아지게 되었다.

농업생산에서 관개시설은 매우 중요한 역할을 담당하였다. 조선시대의 관개시설의 기능을 하는 것은 일정한 땅에 뚝을 막아 물을 저장하는 堤堰이나 河川을 막아서 농토에 물을 흐르게 하는 洑가 있다. 정부에서는 이러한 관개시설에 대한 세금을 받고 있었다. 이것이 이른바 보세이다.[78]

그런데 보세의 명목으로 때로는 너무나 많은 세금을 걷기도 하며 때로는 필요없는 새 보를 만들어 세금을 걷는 등 많은 작폐가 발생하였다. 그 예를 몇 가지 들면 다음과 같다. 고종 20년 豊德府 7면의 民洑는 관개에 충분하였다. 그런데 모리배가 각궁방 鄕宰家와 결탁하여 家築이라고 하여 세를 勒收하였다. 또 臨陂縣 禁衛營 屯土稅는 본시 읍으로부터 收納하는데 해당군관이 屯監과 더불어 공문을 가지고 와서 과도하게 징수하였다. 또 載寧郡 禁街營 葛山屯은 본시 민전이었는데 營에서 築洑作畓하여 수세하던 것을 屯監이 내려와서 경작민을 늑탈하였다.[79]

古阜에서도 이러한 洑稅의 폐단이 심각하였다. 萬石洑는 井邑川의 하류에 있는 보로 예동보라고도 하는데 이평 들에서 만석을 거둘 수 있다 하여 만석보라고 칭하여졌다. 고부군수 조병갑은 이러한 만석보가 있는데도 불구하고 그 밑에 다시 보를 쌓았다. 보를 쌓는데 노임도 주지 않았으며 남의 산에서 거목을 잘라 쓰기도 하였다. 그리하여 조병갑은 여기에 세금을 마구 거두어 들였다. 이것이 고부민에게 주는 폐해는 상당히 큰 것이었다[80]

5. 맺음말

지금까지 19세기말 古阜에서 행하여졌던 폐정의 실태를 살펴보았다. 그 내용을 간단하게 요약하고자 한다.

조선후기 조정은 서세동점의 급변하는 대외정세에 전혀 적절히 대응하지 못하였을 뿐 아니라, 사회 각층에서 일고 있던 대내적 변화를 흡수하지 못하고 탄압으로만 일관함으로써 정치력의 부재를 보여주었다. 이는 결과적으로 19세기 후반 조선이 대내외적으로 심각한 위기에 봉착할 수밖에 없었고, 백성들의 삶은 파탄에 이를 것임을 예고하는 것이었다.

開化派는 日本과 不平等한 조약을 체결하였고, 日本을 모방하여 개혁을 시도하고자 정변을 일으켰지만 실패하고 말았다. 잦은 정치적 변동으로 정치기구가 자주 개편되었으며 이것은 많은 폐해들 불러왔다. 이러한 상황 속에서 정권을 잡은 閔氏政權은 자신들의 정권보전에만 연연하여, 賣官賣職을 자행하고 賣科를 일삼음으로써, 탐관오리들의 量産을 조장하였다. 뿐만 아니라 왕실의 극심한 낭비에 따른 재정의 빈곤까지 더하여, 백성의 경제적 여건을 더욱 더 어려운 상태로 몰아 넣었다.

외국의 상품이 침투함에 따라 나타나는 피해 역시 심각하였다. 밀무역에 의한 일본의 경제적 침투가 심해지자 조선의 관리들은 放穀令을 내려 朝鮮의 米穀가를 안정시키지 않을 수 없었다. 그런데 조선은 이 방곡령으로 인하여 일본에 배상금을 지불하는 등 더 많은 경제적 피해를 입었으며, 외교적 수모를 당해야만 했다. 여기에 石油, 唐木 둥의 값비싼 생활필수품이 밀려 들어옴에 따라 농민들은 많은 양의 쌀과 교환함으로서 생활이 매우 어렵게 되었다.

아울러 褓負商들이 중간에 상품을 독점하고 시장을 점유하여 중간에서 이익을 챙김에 따라 그 피해는 농민들에게 돌아갔다. 또한 漁民들은 일본인에게 어장을 잃어 그 생활기반을 상실했을 뿐 아니라 客主들에게는 魚籃船稅 등의 과중한 부담을 담당하지 않으면 안되었다.

이러한 전면적인 폐정은 古阜에서도 비슷한 양상으로 나타나고 있다. 균전사의 본래의 임무는 황무지를 개척하여 백성의 어려움을 구하는데 있다. 그런데 균전사는 이것을 기화로 백성의 땅을 빼앗아가서 자신의 재산을 증식하는데 이용하였다. 또 전운사는 그 임무가 大同米를 거두어 한양으로 운송하는 것이다. 그런데 그들은 運送費인 船價米를 받는 과정에서 농민들에게 많은 이윤을 착복하였다. 그리고 胥吏들은 國稅와 宮房田稅의 명목으로 과도한 세금을 거두었으며, 도장은 보의 건축을 빌미로 강제노동과 수세의 이중의 부담을 백성들에게 안겨주었다.

고부군은 다른 군에 비해 비옥한 토지가 많으며 특히 바다 끼고 있기 때문에 경제적으로 많은 매우 넉넉한 지역이다. 공공연하게 폐정이 자행되던 상황 속에서 그것은 오히려 고부군이 다른 지역보다 훨씬 많은 착취를 당해야만 하는 이유가 되었다. 고부군민들은 이와 같이 극심한 착취를 당함에 따라 그 분노 역시 다른 지역보다 훨씬 더 심하였을 것이다. 동학농민혁명이 고부군에서 시작된 것은 바로 이와 같은 고부 지방의 상황과 밀접한 관련이 있을 것으로 생각된다.

1) 한우근, 「東學軍의 弊政改革案檢討」『역사학보』23, 1964.

2) 최현식, 『갑오동학혁명사』, 금강출관사, 1980.

　　신복용, 『동학사상과 갑오농민혁명』, 평민사, 1985.

　　이현희, 『동학혁명과 민중』, 대광서림.

　　한우근, 『동학란 기인에 관한 연구』, 서울대출판부, 1955

　　신용하, 「동학과 갑오농민전쟁연구」, 일조각, 1953.

3) 『續陰請史』下卷, 初 古愚游於 齊先生門下 頗曉字內大勢 嘗 同志憂難國事云云

4) 『華西集』卷3

5) 『盧沙集』卷3, 硫 丙寅疏一

6) 『承政院日記』고종2년 3월 8일, 5월 26일조.

7) 『승정원일기』고종5년 2월 10일조.

8) 丁時采 『官僚制度史』342쪽

9) 『고종실록』고종17년 12월 21일조.

　　事大司 交隣 軍務 邊政 通商 軍物 機械 船艦 譏沿 語學 典選 理用

10) 『고종실록』고종18년 11월 4일조.

11) 『고증실록』고종18년 11월 21일조.

12) 『고종실록』고종 19년 11월 17일조.

13) 『日省錄』고종1년 2월 27일조.

14) 黃玹, 『梅泉野錄』, 97쪽.

I5) 황현, 『매천야록』, 109쪽.

16) 『秘書類纂朝鮮交涉資料』하권, 204－212쪽.

17) 황현, 『매천야록』, 102 및 106쪽.

18) 鄭喬, 『大韓季年史』, 64쪽 汝雖狗矣 猥被思銜 何可忽也 以金若玉
　　爲隨品秩而縣 於綱巾之左右者

19) 『일성록』고종11년 11월 18일조.

20) 『大典會典』卷3의 禮典. 諸科 및 卷4의 兵典, 試取.

21) 이성무, 「한국의 과거제와 그 성격」『科擧』, 124쪽, 일조각.

22) 『비변사등록』고종10년 1월 20일조.

23) 위의 책. 고종18년 4월 25일, 7월 10일조.

24) 『매천야록』卷一, 85쪽,

25) 『高宗時代史』卷三.

26) 『國朝文科傍目』, 1776 - 1884쪽.

27) 『매천야록』卷一, 39쪽.
   初試賣買之始 二百兩三百兩不等 至五百兩則人吐舌矣 甲午前數式千餘兩 恬然
   會試大率 萬餘兩以錢幣漸故也

28) 위의 책, 37쪽.
   富貴游閒 平居手不知筆 館窮儒于家而獸畜之 每場屋副急 軀而役之 代製者曰
   巨擘 代書者曰寫手 臥閱邸報

29) 위의 책, 60 및 129쪽.

30) 『韓國志』, 462쪽.

31) 田保橋潔, 『近代日鮮關係研究』上卷, 641쪽.

32) 조선사학회, 『朝鮮財政史』, 63쪽.

33) 『고종시대사』 참조.

34) 『매천야록』卷一, 69 - 70 및 이선근, 『조선최근정치사』, 49 - 50쪽.

35) 『승정원일기』 고종27년 1월 7일조.

36) 『朝鮮通商日岸三關貿易冊』「貿易情形總論」

37) 『매천야록』卷一, 53쪽
   年獎出 小兒苗 鷄蠟至東 老人考終 自石油之出 山野油實不蕃…至於洋綿出而綿
   農不登 洋鐵出 而鐵産甚鮮

38) 김경태, 「개항직후의 관세권 회복문제」 『한국사연구』8

39) 『일성록』 고종29년 7월15일조.

40) 『統記』18책, 고종 25년 11월17일조.

41) 『통기』 29책, 고종 28년 8월10일조.

42) 『비변사등록』 고종15년 7월 19일조.
   忠淸右道暗行御史 李建昌 別單의 議政府啓 참조.

43) 『비변사등록』 철종14년 1월 12일조.

44) 『비변사등록』 고종3년 11월 4일조.

45) 『경국대전』 觀察使都事仕滿三百六十 守令仕滿一千八百 堂上官乃未挙家守令訓
   導 仕滿九百 乃遞

46) 『續大典』吏典 考課條, 堂下守令三十朔 堂上守令二十朔 邊地守令周年後始得遷
   他職

47) 이희권, 「조선후기의 수령과 그 통치기능」 『전라문화논총』2, 76쪽.

48)『청운보』및『승정원일기』고종30년 11월 – 31년 기사 참조.

49)『牧民心書』赴任 除拜.

50)『비변사등록』고종29년 윤6월 25일조.

　　而見今滿南早憂尤甚 民事司念 此時久曠…守令曠官之幣…有一邑而致十餘朔之
　　曠 一守而兼五六邑之多 公納由是而해滯由是而滋長 民寃由是而壅遏 終至於邑
　　不爲邑 乃已

51)『승정원일기』고종30년 12월3일조.

　　益山郡守 趙秉甲 與 曹判書沈相熏 有親查應避之嫌

52)『全琫準供草』初草問目

　　今不司盡言其細目 而略告其槪 一築洑民下 以勒政傳令民聞 上沓則一斗落收二
　　斗稅 上沓則一斗落一斗稅 都合七百余石

53)『전라도고부민요일기』,『주한일본공사관기록』1, 53쪽.

54) 이상『전봉준공초』초초문목

55)『고종실록』고종27년 12월30일조

55)『비변사등록』고종29년 3월2일조

57) 오지영,『동학사』, 104쪽.

58)『매천야록』卷一, 108쪽.

59)『대한계년사』卷二, 86쪽, 고종31년 5월조

60) 위의 책, 고종31년 5월조

　　十三個條項 弊政革案 轉運司革罷 依舊自邑上納事

61)『김제군사』1978년간

62)『승정원일기』고종30년 10월23일조

　　積稅成欠 不念督刷 量餘取用

63)『승정원일기』고종30년 12월4일조

64)『승정원일기』고종31년 4월24일조

　　邑瘼七條 轉運所總加量餘新刱 不足米也

65)『고종실록』고종31년 7월17일조.

66)『일성록』고종15년 4월4일조

　　船結, 加升米, 斛上米, 添價米, 浮價米, 人情米, 加結準, 不足米邑用, 京主役價
　　米, 營主人役價米, 進上役價米, 朔膽別添米, 濟州接應米, 民庫米, 傳關米, 騎船
　　料米, 看色米, 落庭米, 拓石米受還結斂 十餘兩 民庫錢結斂 數兩 新舊官刷馬價
　　結斂 歲不下八九錢 漂船接應歲不下五六錢 書員考 結租 歲不下四五斗 而主人

勤受租 歲不下二三斗

67) 『일성록』고종4년 4월12일조

68) 『全州府營下各郡收租案』全羅道, 1896

68-1) 『全羅北道各郡丙申條收租案』(1897)

69) 『일성록』 고종6년 10월3일조

70) 『일성록』 고종6년 8월20일조

71) 『일성록』 고종1년 2월8일조

72) 『일성록』 고종1년 2월10일조

73) 『일성록』 고종1년 11월15일조

74) 『일성록』 고종14년 8월13일조

75) 『朝鮮田制考』1940

76) 『전주부영하각군수조안』참조

77) 최기성, 『고부군 위상의 재조명』, 『전북사학』15, 21쪽.

78) 『성호사설』 벽골제조

79) 『비변사등록』고종20년 1월 19일조.

80) 『전봉준공초』초초문목 및 朴奎東 永世不忘碑, 1872년(고종9년) 5월

제5장

古阜郡 位相의 再照明

1. 머리말

古阜郡은 지금으로부터 100年前 封建을 마무리 짓고 近代化 과정의 分水嶺이 되었던 東學農民革命運動의 진원지였다.

현재 行政區域으로는 面單位이지만 그 당시는 주변이 縣인데 대하여 郡으로써 雄大한 郡勢였는데 그후 面으로 格下된 이유를 살핌으로써 革命運動의 근원을 밝힐 수 있을 것이다.

古阜는 井邑郡의 一個面으로 農業을 주로 하는 農村지역으로 郡勢를 잃어갔고 더욱 산업화되어 가는 사회에서 面勢도 낮은 위치로 전락되었다.

그러나 古阜郡이 東學革命運動의 발생지가 될 수 있었던 요인은 무엇인가를 살펴볼 필요성이 있을 것이다.

여기에 대한 원인으로 東學敎에 대한 견해[1]와 政治의 문란과 탐관오리인 군수의 착취[2]때문으로 보기도 한다.

3次에 걸쳐 봉건질서의 질곡에서 벗어나고자 하였던 古阜郡民에 대

하여 도 살펴볼 필요가 있을 것이다.

이로써 古阜郡의 地形의 位置와 郡沿革의 歷史性과 郡地의 産業의 經濟性 等은 傳統文化를 갖게되어 舊韓末의 社會 變化속에서 郡의 社會的構成이 時代的 社會意識水準으로 나타날 것이다.

이러한 여건을 살펴봄으로써 발생지의 住民意識의 변화가 革命運動으로 발전한 것으로 보아야 할 것이다.

封建的이며 農業에 종사하던 古阜郡은 上位圈의 郡이 어떻게 革命을 통하여 새로운 질서를 모색하려고 하였는가를 밝힐 것으로 보인다.

2. 古阜郡 地理的 環境

古阜郡은 日帝下의 1914年에 실시한 行政區域개편으로 郡單位에서 面으로 格下되었고 井邑郡에 속하게 되었다.

여기서는 이전 古阜郡에 대하여 論하려 한다.

古阜郡은 全羅北道 全州를 中心으로 할 때에 西南部에 위치하고 있으며 北으로는 金堤郡, 泰仁縣과 인접하고 西로는 扶安縣에 접하고 南으로 井邑縣과 高敞縣과 접하여 蘆嶺山脈(갈재)와 全羅南道에 인한 경계를 이루고 있다.

山으로는 北東으로 天台山에서 斗升山에 이어져 白山에 이르고, 東으로는 象頭山과 七寶山, 內藏山, 方丈山이고, 西로는 邊山으로 北西가 터진 내지이다.

南西에는 곰소만에 이르러 保安面이 바다에 접하고 있다.

東國與地勝覽에는 東으로 泰仁과 경계가 37里이고 南으로 興德과 경계가 18里이고 西로는 해안이 37里이고 北으로 扶安縣이 17里로 서울

까지는 596里라고 하였다.[3]

增補文獻備考에 粟峴을 넘어 북에는 두승산이었고 古阜郡이 있다고 하였다.[4]

이같이 산이 東에서 西로 뻗어 내려 있는데 河川은 반대로 南에서 西北쪽으로 흐른다.

지형은 중앙에 제일 높은 산이 斗升山으로 表高 44.3m이고, 平均 海拔 10m이하로 평지를 이루는 농경지이다.

河川은 古阜川을 訥堤川이라고도 부르는데 訥堤에서 시작하였고, 八旺川은 茅川이라고 八旺平野를 통하여 梨坪面을 지나 東津江에 이른다.

所聲川은 所聲面을 지나 茁浦灣으로 흐른다.

3개의 하천은 모두 농업에 있어서 중요한 관계수로 이용된다.

位置로는 북위 35° 35'동경 126° 41'에 위치한다.

氣象에 대하여 살펴보면은 全北은 全國土의 입장에서 볼때 寒暑의 差가 다른 地方에 비하여 적고, 雨量은 많으며 溫和한 氣候地帶에 속해 있다고 볼 수 있겠다.

우리나라의 연평균 이온은 6° ~16℃의 分布로 南北간의 기온의 차가 심하며 지역별 기온 분포를 살펴보면 南部가 12° ~14℃ 중부지방 10° ~12℃이고 중부산간지방은 6℃내외가 되는데 정읍지방은 연평균 기온(1967~1982) 12° ~14℃로 온화한 날씨이고 1월은 평균 영하기온이고 모두 영상으로 고온기간인 7, 8월은 24° ~28℃이다.

1월 평균 최저기온이 영하 2° ~ -10℃까지로 흑심한 한파가 내습한 적도 있었다. 최고기온은 7, 8월에 34° ~36℃를 기록하여 폭서일 때는 36.3℃까지 올라가기도 한다.

이로 볼때 농작물에는 좋은 기후조건을 갖고 있다고 하겠다.

농작물에 지대만 영향을 끼치는 것은 강수량으로 이 지방에는 평균 950~1500㎜ 내외가 내린다.

강 수 량   (6, 7, 8 3개월)

구 분 지역	월 최대 강수량	평 균
전 주	2,074.4	1,289.9
고 부	1,804.2	1,263.9
남 원	2,178.2	1,282.2

그러나 강우량이 적은 해에는 800㎜로 극심한 한발로 벼 이양은 물론 밭작물과 식수에까지 막대한 지장을 초래하고, 호우 때는 집중폭우로 하천이 범람하여 농경지를 휩쓸어 막대한 처산과 인명의 피해를 가져오기도 하였다.

이러한 강수량에 따라 농작물에 풍작과 흉작으로 인한 피해를 농민에게 貧富의 격차를 더 크게 하기도 하였다.

계절기간으로 볼 때 식물계절인 개나리의 개화시기도 살펴보면 남부지방은 3월 중순에서 하순이 되고, 중부지방은 4월 상순 경기 개화되는 것으로 보고, 첫서리가 가장 빠른 대관령 등의 중부산간지방으로 9월말에 나타나고, 남부내륙은 10월 하순인 상강의 23일에 내리며 해안지방에서는 11월 중순경이 된다.

개화에서 서리가 내릴 때 까지의 식물의 성장기간은 서울이 157일이 전주는 164일이기 때문에[5] 古阜郡 등지는 165일 이상이 된다고 보아서 농경하는 데는 강수량이나 기온이나 식물기간이 길어서 농사에는 적합한 지역으로써 풍년이 약속되는 지역으로 보아야 할 것이다.

3. 古阜郡 沿革

古阜郡은 三韓時代 馬韓의 古阜離國[6]으로 추정되는 지역이였고 百濟時代에는 古沙夫里郡으로[7] 五方城중의 하나인 中方古沙城[8]이 있었던 곳으로 政治, 軍事의 中心地였다. 新羅統一때에 이르러 景德王 16年(757年) 全國을 九州로 改編하면서 古阜郡이라고 하였다.[9]

高麗朝에서는 후백제를 멸망시킨 太祖는 19年(936年)에 瀛洲이라 하여 觀察使를 두었고, 光宗 2年(951年)에는 安南이라 일컬어 都護府를 두었다가 顯宗 10年(1030年)에 다시 古阜郡이라고 하였다.

忠烈王時 靈光郡에 한때 병합되었다가 복구되었다.[10]

朝鮮朝에서는 계속 古阜郡으로 불려왔는데 古阜郡 沿革을 살펴보면 馬韓때에는 기록이 없으나 三國時代에 百濟에 관한 記錄인 三國史記에 의하면은 全羅道지역에 해당하는 10個郡 중에서 한 개의 部으로 縣이 31個있는데 屬縣으로 3個를 갖었는데 皆火, 欣良買, 尙質縣을 거느렸다[11]

統一新羅는 669年에는 古四州라 하여 古四州의 本郡을 古沙夫里郡이라하여 五縣을 두었는데 平倭, 帶山, 佐贊, 淳牟縣을 다스렸다.[12] 그후 景德王 16年(757年)에 全國을 九州로 나누어 全州 관할로 南原小京하나와 10個郡으로 金馬, 德殷, 任實, 淳化, 壁磎, 古阜(屬縣3, 扶寧, 喜安, 尙質) 大山, 臨陂個, 金堤, 進禮郡으로 되었다.[13] 이로 보아 百濟가 멸망하였어도 古阜郡은 湖南平野의 行政의 中心機能을 갖고 있었던 것은 그만큼의 地域에 역할이 크기 때문일 것이다.

後三國時代 後百濟의 45年間을 지나 高麗太祖 19년(936年)에 後百濟 滅亡 뒤에도 全州府, 南原府라 하고 古阜郡을 瀛州라 개칭하고 觀察使를 두었으며 당시의 井邑, 太山, 仁義, 高敞, 扶安, 興德縣 등의 고을이

모두 瀛州觀察使에 예속되었다.[14]

光宗 2年(951年)에는 安南都護府라[15] 改稱하고 역시 주변의 고을을 관할하여 그 위상은 부근의 縣을 관할하는 위치에 있었다.

成宗 14年(995年)에 全州, 瀛州, 淳州, 馬州를 江南道라 하고, 羅州, 光州等을 海陽道라 하였다가 顯宗 9年(1018)에 江南, 海陽 2道를 合하여 全羅道라 하여 二牧二府 5郡 13屬郡, 82縣이 되었다.

行政機構表

區域名稱	屬, 郡, 縣
全州牧	屬郡(金馬) 屬縣11
南原府	屬郡2, 屬縣7
古阜郡	屬郡1, 屬縣6
縣令	臨陂, 進禮, 金堤, 金溝
羅州牧	屬郡5, 縣11
長光府	
郡	靈光, 靈岩, 寶城. 昇平
縣令	海陽, 珍島, 陵城. 耽羅

全羅道에서 獨立된 主郡 5개중에서 全羅北道에 해당하는 郡은 古阜郡 하나만이 主郡으로 되어 있으며 屬郡1은 大山郡이고 屬縣 6개로 保安, 夫寧, 井邑, 仁義, 尙質, 高敞을 관할하여 그 위치를 통활하는 郡개 이였다.[16]

高麗朝에서 古阜郡은 觀察使나 都護府가 있었고, 四州의 하나였다가 屬郡과 屬縣을 거느리는 主郡으로써 행정적 역할을 하는 郡이였다.

朝鮮朝에서는 地方行政組織이 약간 변경되었다.

世宗實錄 地理志에 의하면 全州府의 所領5郡으로 珍山, 錦山, 古阜,

金堤와 縣11로 金溝, 萬頃, 臨陂, 沃溝, 咸悅, 龍安, 扶安, 井邑, 泰仁, 高山, 礪山이고, 羅州牧에는 南原都護府에 淳昌郡과 8縣으로 龍潭, 任實, 雲峰, 長水, 茂朱, 鎭安縣과 長興, 潭陽, 順天都護府의 4개가 있고 9個의 郡으로 되어 있다.[17]

全羅道에 全州府와 羅州牧이 있고 府에 獨立된 5個郡중의 하나인 郡이 古阜郡이였던것이다.

高麗時에 發達되었던 鄕, 所, 部曲等은 高麗史에 記錄이 없으나 世宗實錄 地理志에는 高麗時代에 계승된 것으로 보이는 것이 나타나 있는데 屬鄕이 4개로 富安, 荒調, 水金, 音聲이고, 部曲은 2개로 毛助, 雨日이며 所도 2개로 德林, 秀邊을 갖고 있었다.

여기서 郡·縣의 所의 分布를 비교하여 살펴보면 다음과 같다.

府, 郡, 縣에서 所가 있는 곳은 南原 10개로 가장 많고 淳昌 5개, 錦山, 長水 3개 全州, 珍山, 古阜, 金堤, 茂長, 高敞 2개, 金溝, 萬頃, 扶安, 任實, 鎭安 1개이고 臨陂, 沃溝, 龍安, 井邑, 泰仁, 高山, 礪山, 光德, 龍潭, 雲峯, 茂朱等은 所를 갖고 있지 않다.[18]

이로 볼 때 古阜郡은 農耕社會에서도 자체적으로 工業的인 自治능력인 所를 두개 갖고 있어서 獨立된 농업활동을 할 수가 있었다고 보아야 할 것이다.

다음은 品階에 의한 職級別을 살펴보면 朝鮮法典인 東國大典에 의하면 다음과 같다.

全羅道 官職表[19]

職　名	品　階	地　域　名			
府尹	從2品	全州			
郡守	從4品	益山, 金堤, 古阜, 錦山, 珍山, 礪山			
縣令	從5品	臨陂, 金溝, 萬頃			
縣監	從6品	井邑, 光德, 扶安, 沃溝, 龍安, 咸悅, 高山, 泰仁			
牧使	正三品	羅州	濟州	光州	
郡守		2	2		
縣	從三品	8	3		
郡護府使		長水	南原	順天	潭陽
郡		1		2	2
縣		2		5	9

이상에서 본바와 같이 全州府를 제외하고 古阜郡守는 6個郡과는 同格이나 縣令보다는 직급이 한 등 높은 從四品이고 縣監보다는 두 등급이 높았다.

東國與地勝覽에서도 東國大典과 같은 관직표를 볼 수 있고[20] 大典通編(1785年), 大典會通(1865年)에서는 礪山, 茂朱가 都護府가 되어서 府使로 從三品으로 승격되어있다.[21] 그런데 古阜郡의 職級에 있어 大典通編과 大典會通이 發刊되었던 英祖, 正祖, 純祖年間인 1672년부터 1830年間에 宮房田量案冊으로된 보고문서에 古阜郡守의 職級이 通訓大夫로써 正三品인 堂下官으로 報告한 公文書에 記錄되었다.[22]

이것으로 보아서는 당시에 古阜郡이 중요한 지역으로 특별히 보임된 자가 부임되어 관리하였다고 보여진다.

1896年 政府는 日本에 의하여 全國을 23個府로 하고 牧, 府, 郡, 縣의

名稱을 郡으르 통일하여 府에 예속시켰다.

그러나 그 뒤에 親露政權은 다시 12道로 나누어 全羅北道는 一府25郡으로,

一等 全州府, 南原郡

二等 古阜, 金堤, 泰仁郡

三等 礪山, 錦山, 益山, 臨陂, 金溝, 咸悅, 扶安, 茂朱, 淳昌, 任實, 鎭安(11)

四等 珍山, 萬頃, 龍安, 高山, 沃溝, 井邑, 龍潭, 雲峰, 長水, 求禮(10)
로 개편하였다.

1906年에는 地方區域整理件으로 古阜郡 扶安面을 興德郡에 편입시키였다.

그러다가 1910년 日本의 强占에 의한 植民化를 적극 추진코저 1914年에 營轄區域을 변경한다고 하여 古阜郡을 없애고 그에 예속된 名面을 井邑郡에 편입시키였다.

그 내용을 보면은 巨麻, 白山, 德材面을 白山面으로 바꾸면서 扶安郡에 편입시키고 나머지 面은 합하거나 분할하여 井邑郡에 흡수시켰다.

南部, 西部面은 古阜面으로, 所聲, 聲浦面은 所聲面으로, 北部, 東部面은 永元面으로, 優德, 達川面은 德川面으로 畓內, 宮洞面은 梨坪面으로, 雨日, 長順面은 雨順面으로, 伐米, 水金, 梧琴面은 淨土面에서 雨順面과 같이 淨雨面으로 合倂되었다.

당시에 郡, 面의 合倂은 많은 面을 合倂하거나 分割하는 것은 古阜郡에서 많이 행하여 졌다.

古阜郡의 상위의 郡으로써 面으로 格下되었고 面單位는 물론 里單位까지도 他郡에 편입되어 과거의 郡으르써의 位相이 없어지게 되었으니

高敞郡의 興德面 下南里에 古阜郡 西部面中 里 一部가, 星內面德山里 槽東里, 山林里에, 聲浦面琴洞里, 西部面化山里, 中里一部 麒麟里一部, 艾堂里一部가 편입되었고, 井邑郡에 泰仁面 泰昌里에 伐米面德林, 花川, 回龍里一部가, 寶林面梅溪里에, 伐米面德林里와 長川面上學里一部가, 龍北面 陽槐里에, 畓內面斗用里一部가, 井邑面農所里에, 雨日面石橋里一部가 편입되었으며, 扶安郡에는 扶安面 行中, 新興, 內蔘, 外下里에, 巨麻面金秋里一部, 德林面石川, 水月一部 石川上九, 下九里一部, 巨麻面光上, 德林面 九公, 新元一部가, 舟山面 小舟里에는 粟浦, 東部面月鉉里各一部가, 東津面下長里에 巨麻面德新一部가, 白山面 大水, 竹林, 金坂里에 巨麻面, 宮洞面石池, 月山一部, 德林面, 北面各一部, 白山面一部가 편입되었다.[23]

面單位만 아니라 里單位는 물론 자연마을 단위까지도 쪼개어서 합병되었으니 오랜 전통문화는 물론 자연부락단위의 공동체 의식도 잃게 되었다.

이러한 이유를 변명하기를 井邑郡史에서는 井邑郡이 雄郡으로 發展된 것은 行政區域改編과 湖南線鐵道가 개통됨으로 三郡의 中心地가 되어 오늘날 井邑郡이 형성되었다고[24] 한다.

湖南線의 開通이 1912年에 裡里以北이고 南쪽은 1913年에 개통된 것으로 보아 1913年에 전국적으로 행한 행정구역개편사업이 이루어 졌기 때문에 당시의 교통의 역활은 크게 기여치 못하였으며, 꼭 교통의 중심지만이 행정의 구심점이 된다고 볼 수 없겠다.

이는 무엇보다도 東學農民革命運動의 근거지가 된 古阜郡을 分割하고 축소시켜 그 공동의식을 없애고자 하였던 것이다. 그 이유는 總督府가 管轄區域 변경의 시행을 설명하기를 日本・朝鮮의 상이한 제도하에서 日鮮人을 同一行政下에 두는 것은 그 融合同化의 목적을 달성하는데 극히 필요한 건이다. … 朝鮮全土를 통하여 日, 鮮, 外人을 동일 제도하에서 통치하게 되어 倂合後에 있어서의 施政統一의 實을 지양할 수 있게 된 것이다[25] 라고 하여 크게 자랑하고 있는 것만 보아도 强占을 통하여 行政區域을 개편으로 통치에 이롭게 하고 나아가서 民族끼리 분열을 조성하고 또한 民族의 精神과 共同意識을 말살하고자 한 의도 하에서 그중 대표적인 古阜郡을 完全이 지역을 분산시키고 他지역의 관할 하에 둠으로써 朝鮮의 民族精神을 日本에 동화시키려고 하였던 것이다.

이러한 경험은 淸, 日戰爭을 통하여 朝鮮을 점령하므로써 日本은 느끼고 있었다고 보아야 할 것이다.

4. 産業的 與件

農業經濟에 있어서 중요한 것은 水利시설이 되는 것이다.

즉 治山으로 洪水에 대비하는 것이고, 治水로써 農耕文化를 이루기 때문에 洑·堤는 중요한 산업시설이고 水力은 行政力이 되는 것이다.

그래서 農耕社會에 있어서 가장 긴요하였던 洑·堤의 축조는 농사의 성패를 좌우하는 것이었다. 이러한 洑·堤에 대하여 살펴보면은 古阜郡은 큰 洑와 堤를 쌓았다. 즉 농경지가 많기 때문에 洑나 堤의 물을 이용하여 水耕作인 미곡의 생산을 높이고자 하였기 때문이다.

湖南에서 三湖라 일컫는 것은 익산의 黃登堤와 金堤의 碧骨堤와 古阜郡에 訥堤를 말하였던 것이다.[26] 이와 같이 全國에서 古阜郡에 三大湖의 하나가 되는 큰 訥堤가 있었다는 이 堤룰 관개시설을 이용하여

農事를 잘 지어 富農村郡이 되었다고 하겠다. 즉 우리나라의 경제와 재정을 좌우하는 데 큰 역할을 하였다고 할 수 있겠다.

訥堤는 訥川을 쌓아서 만든 것으로 세 개의 큰 수문이 있어 東水門은 扶寧縣東面으로 향하고 中水門은 扶寧縣 西面으로 향하고 西水門은 保安面南面으로 흐르는 관개시설이다.[27] 이 訥堤크기가 堤長은 3.480尺이고 주위가 40里에 이른다고 하였다.[28] 이렇게 큰 堤가 어떻게 이루어졌는가를 말한다면 朝鮮初에 많은 인원을 동원하여 쌓았다.

訥堤의 축조는 古阜郡守의 건의에 따라 全羅道 監司의 계청으로 1419년(世宗1年)에 萬餘結의 農地를 만들기 위하여 장정을 징발하여 수록할 것을 허락받아서[29] 1個月동안에 11,500여 명을 동원하여 축조하였다.[30] 하루에 386명씩 동원하여 일을 시켰던 것이다.

다음해에 폭우로 인하여 堤防이 무너져 6백여 결이 침수되었으나[31] 재축조를 건의하자 六曹에서 논의케 하여 豊年을 이루기 위하여 재수축하도록 하였다.[32] 그러나 폭우의 피해로 訥堤는 폐제되고 다시 古阜川에 洑를 막았다가 피해가 많아 훼파하였는데[33] 이 洑의 川에는 게가 많이 잡혀 게보(蟹洑)라 하였고 여기에 전래하여 아직도 제방의 서쪽 끝인 茁浦面 新興里에 속칭 율지(栗池)가 있는데 이는 눌지의 전음에서 유래한 것으로 보고 있다.

이와 같이 가뭄에 대비하여 농경을 위하여 큰 堤를 쌓았으나 호우로 제방이 무너져 농경지가 유실되는 등 이해가 엇갈렸던 것이다.

이 堤외에 萬石洑가 있었는데 이 洑는 梨坪面八仙里에 있었는데 古阜川을 막아 쌓았던 것이다. 이를 光山洑, 一名 禮洞洑라고 하는데 이는 배들평야에서 유래하였다고, 梨坪에 젖줄의 역할을 하는 관개용수로 이용되어 배들평야에 흉년 없이 농사를 지어 미곡을 萬石이나 수확을

할 수 있을 만큼 洑로 인해서 농사를 지을 수 있는 수량에서 붙어진 洑 명칭이였다.

　이러한 수확의 능력을 갖은 洑에서 水稅와 租稅를 걷을 수 있는데 착안한 趙秉甲은 1892年에 古阜郡守로 재부임하자 萬石洑의 하류인 泰仁川과 합류되는 지점이 새로온 洑를 쌓아 新萬石洑를 축조하고자 하였던 것이다.[34]

　그러나 農民은 강제로 부역케 되어 골욕이 무너지고 郡守의 속마음인 豊作시 租稅와 水稅의 양이득을 취하고자 하는 것을 알고 있을 뿐만 아니라, 폭우시에는 堤가 무너져 논이 침수되는 피해를 입기 때문에 농민들은 반대하였던 것으로 보여진다.

　이러한 例는 郡守 朴奎東이 洑를 훼파하였다 하여 永世不忘碑를 세웠고[35] 趙秉甲郡守가 萬石洑를 쌓았으나 1898년(光武 2年)에 이를 혁파하였다하여 농민들이 9月에 禮洞에 郡守 安吉壽의 善政碑를 세워 놓은 것이다.[36] 이와 같이 洑나 堤는 事件의 속에서 長短點으로 축조와 혁파와 희비가 엇갈렸다.

　堤·洑는 다같이 灌漑水利施設로 가뭄에는 경작에 중요한 수자원의 확보책이 되나 장마시에는 제방, 수문 등의 불비로 침수로 인한 농작물이 많은 피해를 입게 된다. 그러나 水利施設이 중요하기 때문에 많은 농경지의 경작을 위하여 각 지역마다 공공기관이나 공동협조로 시설하였다. 이러한 시설이 각자의 입장에 따라 보는 견해가 다른 것이 洑의 築造가 政府외 脫稅때문인가? 또는 郡守等官吏와 舍音들의 私欲을 위하여인가? 農民의 生活에 生存을 위하였던가를 利害관계에 얽혀 평가가 다른 것이었다. 그러나 운영상의 문제이지 朝鮮朝의 農耕文化는 水力에 의한 經濟生活이 이루어졌던 것이었다.

國家에서는 公益을 위한 强한 힘과 행정력이 있기 때문에 堤나 洑를 쌓아 일부는 國有로 하고 農民으로 耕作토록 하였던 것이다.

이러한 例는 訥堤 아래 萬余結이 農地가 되면은 井田法에 의하여 公田으로 하여[37] 9분지8은 共同耕作이고 9분지1은 租稅로 수조하였는데 사실상 그 이상을 부담하였던 것이다.

政府는 큰 水利시설을 할 수 있는 방대한 능력이 있기 때문에 많이 시설하였다. 그리하여 郡에서는 관계시설을 설치하고자 하였던 것이다.

湖南邑誌에 의한 堤·洑를 살펴보면

堤·堰 水利 灌漑[38]

郡·縣	數量(庫)	郡·縣	數量(庫)
益 山	26	金 堤	59
龍 安	7	扶 安	41
咸 悅	24	古 阜	23
臨 陂	16	井 邑	14
沃 溝	14	興 德	38
萬 頃	24	高 敞	20
金 溝	18		
		計	276

평야지대 14個郡縣의 堤·堰는 276개로 평균 郡당 19개가 되나 古阜郡에는 평균 이상으로 큰 堤와 洑가 있어 水利의 솝의 農耕을 이룰 수 있었고 또한 郡守등의 관리는 灌漑로 農産物을 증가시키고 이로써 조세를 증대시켜 郡·縣의 增産을 확충하려고 하였던 것이다.

또한 교통편에 의하여 古阜郡을 본다면 全羅道7개의 所管驛이 있는

데 그 중에서 鶯谷五驛중의 하나인 瀛原驛이 古阜驛인 것이다.[39]

西海에 접한 郡·縣을 제외하고는 바다가 없어 海路가 불편하였으나 古阜郡에는 富安串이란 苗浦의 浦口가 있어 바다로 운송할 수 있는 漕運이 이루어졌던 것이다.

즉 古阜郡은 큰 堤와 洑가 있어 農耕을 잘할 수 있는 米作이 이루어지고 이를 漕運할 수 있는 浦口가 있고 擺撥인 驛을 갖고 있었다.

이러한 것들이 産業的인 요건을 다 갖춘 古阜郡이라고 하겠다.

5. 經濟的 位置

農耕産業에 있어서 經濟的인 富는 畓面積의 多數와 單位收獲量에 의하며 좌우되어 경제의 富를 이루는 것이다.

古阜郡의 田畓의 面積이 차지하는 비율로 그 위치를 살펴보면

各道別 田總結數[40)

道　　別	田　總　結	備　　考
京畿。外四府	101,912	
公　忠　道	255,582	
全　羅　道	339,731	23.35%
慶　尙　道	336,950	
黃　海　道	132,211	
江　原　道	40,908	
咸　鏡　道	117,746	
平　安　道	779,711	
계	1,454,754	평균 181,884

度支田賦考에 의하면 전체 田總結이 145만여結간중에 339.731結로 全羅道가 23.35%의 田을 갖고 있으며 全國平均의 2배에 해당하는 田을 보유하고 있다. 이는 農耕의 중심이 된다고 하겠다. 그렇다고 과대한 면적이 있어도 公田이 많거나 免稅田이 많으면 出稅할 面積이 적을 것이다. 이에 대한 免稅田 또는 公田을 제외한 실제의 稅出田을 보면 아래와 같다.

田總出稅實結[41]

區　別	田畓實稅結	備　考	區　別	田畓實稅結	備　考
京畿道	45.508		慶尙道	188.418	
忠淸道	107.661		江原道	12.347	
黃海道	78.000		咸鏡道	54.393	
全羅道	207.518	26.6%	平安道	86.032	
計	779.877				

出稅田結의 26.6%의 면적을 갖고 있는 것이다.

이러한 全羅道가 얼마만큼의 세출을 부담하고 있는가를 살펴보면,

賦總實上納(石)[42]

道　別	免稅太	米	비고(%)	
京畿道	2.939	3.643		
忠淸道	7.807	11.816		
全羅道	15.536	61.357	32.4	68.6
慶尙道	5.936	11.099		
黃海道	11.827	1.833		
江原道	417	397		
計	44.462	90.145		

太는 全國稅의 약 3분지1이고 米는 70% 육박하였으니, 합하면 전 세액의 반을 차지하고 쌀은 절대적으로 全羅道에 의존하게 되었던 것이다.

全國道 중에서 財政이 가장 많으므로 稅出이 많았으며 여기에 衙門, 宮房土가 많기 때문에 免稅된 土地가 많았다. 즉 많은 所出에 많은 稅가 부담되고 免稅土에 佃戶가 많게 되었다.

이에 各官房 및 衙門免稅를 살펴보면은

各官房, 衙門 免稅[43]

道別 \ 區分	各官房(43)結	各官房(45)結	비고(%)	
京畿道	922	5.790		
忠淸道	268	4.026		
全羅道	2.666	13.608	38.9	29.8
慶尙道	661	9.409		
黃海道	1.997	5.492		
江原道	61	55		
平安道	312	7.341		
	6.887	45.721		

위 표에서 보면은 全의 官房土의 38.9%가 全羅道에 있으며 宮房, 衙門土의 34.4%를 경작하여야 하였던 것이다.

宮房을 위한 食田이 많고 또한 衙門의 경비를 3분지1을 지급해 주는 결과를 낳게 되었던 것이다.

이로써 볼 때에 佃戶는 小作의 경우가 많고 또한 土地所有의 개념에서 볼 때 위화감이 팽배해 있었다고 볼 것이다.

이는 農民을 상대적으로 영세해지는 결과를 갖고 오게 되는 것이었
다.

여기에 古阜郡이 全羅道에서 財政부담약이 얼마나 되는가를 살펴보
고자 한다. 이는 古阜郡이 全羅道에 대하여만 아니라 全國稅의 財政의
존도에 담당하는 기여도가 어느 정도 부담되는지 기결과가 나타나게
되기 때문이다.

東學農民革命運動후인 1896년 全羅道 觀察使의 全州府 管下 各郡收
租案이란 보고서에 의하면 다음과 같다.

全羅道 收租案(結)[44]

郡　別	元田畓	畓	郡　別	元田畓	畓
全　州	20.920	11.265	興　德	3.809	2.294
礪　山	4.437	2.715	扶　安	8.532	4.192
益　山	4.472	2.690	沃　溝	5.776	4.482
金　堤	10.459	5.805	咸　悅	4.217	2.321
古　阜	8.819	5.709	龍　安	1.853	1.291
臨　陂	7.510	4.964	高　敞	2.503	1.315
萬　頃	4.136	3.404	泰　仁	8.853	4.684
金　溝	4.785	3.359	高　山	3.410	1.305
井　邑	2.791	1.517	計	107.282	63.312

여기에서 田畓의 量을 보면 金堤郡이 全州府를 제외하고 가장 많으
나 田畓의 비율에 있어서 古阜郡이 畓의 비율이 높은 것을 볼 수 있다.

田과 畓의 비율이 경제적 수익면에서 당시에 畓이 대단히 높았던 것
이다.

이로 볼 때 古阜郡의 畓은 全羅道에서 財政의 自立度에서 차지하는

비율이 높다고 하겠다. 즉 古阜郡은 全國에서 가장 郡으로써 畓의 비율이 높아 경제적 수준이 크다고 하겠다.

다음은 全羅道의 免稅되는 各衙門, 宮房, 樣雜位를 비교하여 보면

全羅道 免稅土[45)]

区分 郡別	各衙門, 官房, 雜位土(결)	備　考
全　州	823	
金　溝	73	
井　邑	134	
興　德	56	
扶　安	487	
高　敞	79	
泰　仁	460	
金　堤	283	
古　阜	535	26.4%
計	2,030	

9개군만을 비교할 때 평균 免稅結이 327.7結이다. 古阜郡은 평균의 1.6배가 되는 535結로 많은 수확물을 생산하여 상납한 결과가 되는 것이다.

경작인은 자기 소유의 땅이 아니기 때문에 수확에 대한 賭租法에 따라 분배를 받고 조세를 내고 나머지로 생활하기 때문에 어려움이 많이 따랐다.

古阜郡 元田畓과 收租[46]

區分 \ 收量合	田	畓	合
元田畓 收　租	3,110.78.2 1,304,592	5709.7.8 4,633.80.1	8819.86 5,938.39.3
免　稅	1,806.29	1,075.27.7	2,881.56.7

(結, 負, 束)

위 표에서 元土地台帳에 의한 67%만이 收租되고 33%가 免稅되는데 이는 宮房, 衙門土等으로 3분지1이 농민에게 있어서는 無土耕作者인 것이다.

구체적으로 살펴보면은 현존한 古阜郡土地台帳의 상태가 표지의 앞뒤가 낙질되어 上・下卷여부에 대한 의문이고 현재는 573목만 있다. 토지면적으로 보아 일부일 것이다. 크기는 한지를 2등분하여 만들은 방대한 土地台帳이다. 土地의 地域을 116區城으로 구분하였고 地番은 6459이고 8114필지로 되었다. 田이 243結 13負 4束이고 399結 90부 5未으로 合하여 643結 40負이다.[47] 이는 元田畓인 8820結에 13.7%밖에 안된다. 여러 토지대장 중의 한 권으로 보인다. 비고에 耆老所免稅로 지역의 지번이 1382이고 필지는 1617로 전체의 20%에 해당된다. 耆老所免稅土에서 全地域免稅가 25개고 부분 免稅지역 48개로 73個지역이 면세되었다. 免稅土地面績은 田畓合이 172結 67負 6未으로 전체의 26.85%가 면세토이다.

그런데 이 土地台帳에는 衙門 宮房土가 하나도 포함되어 있지 않다. 이로 보아 古阜郡은 中央의 內需司土가 많다고 보아야 할 것이다.

다른 宮房田의 量案에서 대한 것은 다음에서 보겠다.

古阜郡 官房田土[48]

官別 \ 區分	畓	田	計	備 考
忠勳府	26.367	6.15.8	32.52.5	50지역 341필지 257入
毓祥官	80		80	31지역 472필지
龍洞官	278.67.3	17.18.9	195.86.2	115지역 2132필지 1208入
明禮官	8.18.8		8.18.8	20지역 63필지 46入
錦尉房	4.43.6	5.56.4	10.	14지역 72필지 58入
明惠公主房	5.13	1.27.9	6.40.9	23지역 57필지
계	402.78.4	30.19	432.98.4	

여기에 나타난 宮房土만 보아도 古阜郡元台帳의 田畓結의 20.4%가 된다

古阜郡에는 많은 免稅土가 있으므로 耕者無田의 현상이 되며 경작인은 평균 20負미만의 경작을 한 것으로 된다. 여기에는 各宮房土를 경작하는 경우는 증가할지 모르지만 小作人이 많다고 하겠다. 宮房에서는 脫稅를 방지키 위하여 量要冊의 서명에서 보이는 바와 같이 正三品의 堂下官인 通訓大夫가 특별히 파견되어 임시로 郡守로 보임되어 조세확정을 독려한 것으로 보인다. 여기에 대하여는 出稅와 免稅結數를 비교해 볼 때 나타난다.

宮房田에 대하여는 朝鮮初期에 大君 225結, 王子君 180結이였으나[49] 光海君때에 擴大는 더욱 滋甚하여졌다.[50]

이로써 宮家의 免稅田結數를 大君·公主 400結, 王子·翁主 250結로 정하였다.[51] 世祖朝에보다 2배가량 증가하였다.

英祖朝에는 大君·公主在世時 850結, 王子·翁主在世時 800結로 확대되어 정하여졌다.[52]

이와 같이 宮房田은 확대되어가므로 出稅田結數는 줄어가는 것을 純祖와 哲宗간에 도표로써 보겠다.

出稅·免稅結數[53]

年 度 區 分	出 稅 結	免 稅 結
純祖　1年(1801)	802,857	625,719
純祖　16年(1816)	789,721	618,754
純祖　31年(1831)	781,872	631,927
憲宗　12年(1846)	787,228	640,403
哲宗　12年(1861)	766,299	655,234

宮房田의 折受는 民田의 침해를 가져오게 되고, 국가수입은 격감되고 농민의 부담은 가중되었는데 이것이 開港後에는 더욱 심하여졌다.

그 중에서 明禮官은 王后所用의 조달을 담당하는 宮으로 거금을 투여하여 庄土를 매득하거나 개간함으로써 私的地主로 그의 면모를 一新하여 宮房이 국가권력과 분리하여 스스로 計劃하여 資金을 풀어 庄土를 확보함으로써 자체적으로 私的地主制로 성장하여 재벌적 성격을 갖게 되었다. 이는 위기의 국면을 맺게 되었는데 이는 在地 舍音의 中間支出分의 증가와 出產力 감퇴, 陳破沓의 발생, 作人들의 抗租등으로 出產力 構造의 파괴와 地主制運營의 構造的 特質이 地代收入의 현저한 감소를 가져오게 되었다.[54] 이는 상대적으로 小佃戶의 발생으로 貧富差가 커지므로 違和感이 팽배해 지고 또한 所有의 의욕이 없이 피동적인 생활을 영위하고 불만에 가득 쌓이게 되는 것이었다. 이러한 사건이 抗租로써 明禮官沐稅를 낮추어 달라는 호소였다.[55]

宮房은 土地를 확보하여 생산의 증산을 원하지만 그만큼 증가치 못하고 또한 佃戶들은 생활에 보탬이 되지 못하기 때문에 이웃간에 凝集力을 갖게 되어 첩보에 민감하고 유언비어에도 군중의 심리가 발생되는 무리의 집단이 자연히 형성되어 오합지졸의 형태를 갖게된다.

이들의 생활은 한대에 끝나는 생활이 아니라 대대로 이어져 내려오는 봉건제도하에서 더욱 생존의 감정인 人生을 생활고가 좌우하게 되였다.

下位階層은 兩班들의 人間的인 천대와 社會的 地位에서 무시하며 生活이 社會道德倫理보다도 앞서야 하는 生存的 欲求가 앞서 多數의 非組織인 群衆 集團의 힘으로써 문제를 확대하고 해결하려는 것이다. 이는 경제의 生存에 오는 것이 가장 크며 또한 절실한 문제로 등장하는 것이다.

6. 社會的 構成

古阜郡이 임무를 수행할 수 있는 역할의 능력과 社會를 構成할 규모와 위치에 대하여 살펴보겠다.

이에 먼저 行政的인 構造와 社會敎育인 書院과 祠宇를 통한 文化的水準과 兩班社會의 階層의 構造에 階級에 의하여 社會질서가 유지되는데 따른 兩班家門의 血統的인 뿌리인 姓氏를 통하여 地域社會의 특징을 살펴봄으로써 社會構造가 나타날 것이다.

가. 行政的 構造

古阜郡이란 행정구조 郡行政을 수행하는데 따른 郡守의 직급에 의하여 능력의 영향력이 결정되는 것이다. 앞 章의 沿革에서 본 바와 같이

古阜는 郡이란 지역행정단위로 官職名이 郡守로 職級은 品階로 從四品이었다. 이직급은 他郡縣單位다 上級이고 또한 요지의 직책이었다.

官職의 급수에 못지 않게 중요시 되는 것은 업무의 다소에 따른 官員數인데 이를 표를 통하여 보면 다음과 같다.

官職 및 官員數[56]

地名＼官名	官職名	品 階	衙前	鄕吏	使命	正軍	保	布軍	備 考
全 州	府 尹	從 二	159	77	43				
錦 山	郡 守	陰從五	45	20	20	3,071	962	139	
珍 山	郡 守	陰從四	20	10	15	683	176	112	
茂 朱	縣 監	文 六	37	16	17	1,892	558		
長 水	縣 監	陰 六	27	15	20	2,059	310	87	
龍 潭	縣 令	陰從五	31	15	10	974	527	20	
鎭 安	縣 監	陰 六	30	13	12	1,418	562		
高 山	縣 監	陰從六	31	15	20	1,877	1,060	5	
礪 山	郡 守	從 四	42	13	15				
益 山	郡 守	從 四	43	12	10	996	347		
龍 安	縣 監	陰 六	20	8	8	899	1,318		
咸 悅	縣 監	陰 六	37	18	17	1,318	660		
臨 陂	縣 令	陰從五	60	25	26	4,180	2,630		
沃 溝	縣 監	文陸六	60	25	23	1,110	165	594	
萬 頃	縣 令	從 五	30		15	2,067	431	1,169	
金 溝	縣 令	陰從五	30		15	1,852	747		
金 堤	郡 守	從 四			26	2,677	3,769		
泰 仁	縣 監	陰從六	49	32	26	1,937	3,407		
井 邑	縣 監	從 六	35	17	37	883	1,129		
古 阜	郡 守	從 四	54		26	1,692	695	2,746	
扶 安	縣 監	文 六	59	15	25	714	4,028		
興 德	縣 監	文武六	20	16	23	895	401	272	
高 敞	縣 監	文武從六	18	8	12	561	558		
任 實	縣 監	陰 六	28	17	26	1,719	1,118	2	
玉 果	縣 監	陰 六	20	9	19				
南 原	府 使	文陰從三	72	32	27	5,795	1,126	542	
雲 峰	縣 監	從 六	22	6	14	594	63	997	
淳 昌	郡 守	陰 六	68	51	32	2,556	1,126	253	

위 표에서 보는바와 같이 衙前이 많은 것은 官衙가 크다는 것을 의미하는 것이 된다.

布軍이 의외로 많은 것은 官을 갖고 있기 때문만 아니라 身役보다는 農業에 종사하여 布로써 免役하는 것이 유리하기 때문일 것이다. 아울러 그만큼 농업에 종사자가 많았고 富에 따라 많아지는 것이 되는 것이다.

이로써 풍요로운 古阜고을에 首領으로 가는 것을 서로 열망하였던 것이다. 이를 郡守의 在任期間에 의하여 비교하여 볼 때에 자주 교체되어 재임기간이 짧고 또는 임기를 채우고 떠난 사람이 별로 없었다고 하는 것을 볼 때에 직위에 대한 각축전에 따른 요직인 점과 여기에 바람이 상존하였던 관직이었다고 할 수 있겠다.

역대 수령들의 재임기간을 계산한다면 1573年(宣祖 6年)부터 1755年(英祖 31年)까지 약 180년 동안에 133명의 군수들이 교체되어 재임기간이 1年 1個月半정도이고, 그 가운데서도 1628년(仁祖 6年)에서 1644年(仁祖 22年)까지 17年 동안에 18명의 수령이 교체되어 평균 1年도 채 못된다. 이러한 이유를 邑 儒生들은 風水地理에 의한 赴任歷路에 관계가 있다고 말하고 있다.

이는 全州監營에서 古阜로 들어오는 길이 두 갈래가 있으니 그 하나는 天峙(德川面下鶴里)를 넘어 오는 길이고, 또 하나는 鰲峴(梨坪面)을 넘어 오는 길이 있는데 天峙를 넘어 오는 수령들보다 鰲峴으르 부임하는 수령들의 재임기간이 길었다[57]고 말하고 있다. 이는 고을 수령들의 잦은 교체에 따라 여론형성으로 儒生들 중에서 만들어 낸 것일진데 재임기간의 단명에 따른 하나의 분석으로 보아야 할 것이다.

이에 대한 해석을 甲午年前이냐 후이냐 하는 데로 문제가 있기 때문이다.

古阜郡守의 재임기간에 대한 것은 甲午前을 전후한 郡守의 발령에 대한 身病을 이유로 부임치 않거나 他職으로 補任을 원하여 나가기도 하였다.

이러한 인과관계 발령사령을 1893年 11月 30日부터 94年 7月 9日까지 郡守발령과 부임치 않은 원인을 살펴서 도표로 보겠다.

古阜郡 發令事項[58]

年　　度	職名 및 姓名	備　　考
1893. 11. 30	安州牧使 李垠容	12. 23.　安岳郡守 移任
12. 24	申佐默	身病, 不赴任
12. 26	李奎百	27.　身病 謝退
12. 27	河肯一	
12. 28	朴喜聖	29.　內禁將移任
12. 29	內禁將 康仁喆	94.　1.　2. 身病 謝職
1894.　1. 9	益山郡守前任 趙秉甲	益山郡不赴任, 特爲仍任

40일간에 걸쳐 6명의 郡守가 發令만을 받았으나 부임치 않고 명령상으로 교체된 것을 볼 수 있다. 다른 郡守는 他職을 원하거나 身病를 이유로 辭職 하였는데 오직 前任郡守 趙秉甲은 益山郡守에 發令되었으나 부임치 않고 道監司의 特爲仍任의 요청으로 40일 만에 다시 부임하게 되었다.[59]

이러한 이유를 미진 稅受라고 하고 있으나 타인은 싫어하는 자리인데 오직 趙秉甲郡守만은 원하는 이유가 어데 있었느냐 하는 것이다. 여기에 대하여 吏曹判書 沈相熏과 趙秉甲은 親査의 관계에 있었기 때문에 再發令 되었다고 한다.[60]

이는 당시의 中央의 權力에 좌우되었기에 행할 수 있었으나 하나는 要職으로 願하고 일부에서는 郡이 안고 있는 問題 등으로 피하여 부임하지 않았던 것으로 보아 수령의 잦은 교체가 되었다.

나. 防禦와 軍事

古阜郡의 중요함은 郡을 수비하는 軍編制와 軍編成의 배치에서 나타나게 되는데 高麗時代에서의 軍編成表를 보겠다.

全羅道 各地方道軍配置表[61]

道	保 勝	精 勇	一 品	計(人)
全州牧道	150	1,214	867	2,240
南 原 道	205	800	636	1,641
古 阜 道	54	610	545	1,209
臨 陂 道		341	200	541
進 禮 道		211	152	363
羅州牧道	454	848	922	2,224
靈 光 道		401	368	769
寶 成 道	322	412	513	1,247
昇 平 道	240	184	415	839
計	1,425	5,021	4,618	11,064

地方의 軍編成을 볼 때에 軍事的 중요성인 요충지이기 때문에 규모도 크게 배치했겠지만 거기에 따른 고려시대에도 邑으로써 중요한 역할이 있기 때문에 많은 병력이 배치되었다고 하겠다.

아울러 朝鮮朝에서도 正軍 및 布軍이라 郡에 비하여 대단히 많은 것을 볼 수 있는 것으로 보아 고을 크기 때문에 軍이 생활을 할 수 있었다고 하겠다.

다. 戶와 人口

古阜郡에 居住하는 戶와 人口를 인접 縣과 비교한 표는 다음과 같다. 이 表에서 보면 井邑과 泰仁縣은 合한 戶가 古阜郡과 거의 같다고 하겠다.

古阜는 戶에 대한 人口비율도 戶당 4.5人인데 井邑은 6.6人이고 泰仁은 6.2人으로 戶당 6人이 넘으나 古阜郡은 戶당 5人이하로 나타나 있다.

住居 및 人口數[62]

郡　　縣	戶	人口	郡　　縣	戶	人口
全　　州	21,176	72,773	咸　　悅	3,314	5,327
珍　　山	2,359	10,992	龍　　安	1,684	5,615
錦　　山	6,828	24,596	扶　　安	7,932	38,468
益　　山	3,986	14,856	井　　邑	2,468	9,685
古　　阜	6,526	28,651	泰　　仁	7,836	31,126
金　　堤	6,000	27,691	高　　山	3,820	19,540
金　　溝	2,525	9,151	礪　　山	2,864	8,871
萬　　頃	1,535	15,059	興　　德	1,646	6,972
臨　　陂	4,535	21,640	高　　敞	官 850	
沃　　溝	1,782	4,656	淳　　昌	4,273	26,714
南　　原	10,782	36,306	任　　實	6,675	24,722
龍　　潭	3,152	12,842	雲　　峰	2,004	
長　　水	2,712		鎭　　安	5,727	22,156
茂　　朱	5,405	13,175	茂　　長	5,357	25,705

이로 보면 두현보다는 古阜郡이 주거형태가 양호하다고 하겠다.

邑의 發展은 住民의 집중으로 형성된다. 즉 생활하는 住居는 都市의 發展을 나타내고 이는 人口數에 비례한다고 할 수 있겠다.

全州府를 제외하고 6個郡中에서 古阜郡은 家戶數가 錦山郡 다음이고

人員數는 제일이며 他郡縣에 볼 때에 家戶는 1.3배에 人口는 1.28배에 이른다.

이는 住民과 住宅이 타縣과 비교할 때에 큰 고을이고 발달되었다고 하겠다.

라. 書院과 祠宇

邑의 발전은 人口의 확대로 住居의 형태로 나타나지만 이들 계승시키어 傳統文化를 형성하게 되는 것은 敎育에 의한 文化傳承에서 이룩된다.

이러한 敎育을 담당하였던 것이 근대적 學校敎育이 들어오기 전에는 書堂, 祠宇, 書院, 鄕校에서 이루어진 것으로 公式的인 敎育기구는 書院·祠宇·鄕校라고 하겠다. 이러한 敎育機關이 고을에서 얼마나 필요하였으며 또한 敎育의 필요성을 요구하였는지를 郡·縣單位로 비교하면 다음의 표에서 볼 수 있겠다.

全 北 院 宇 數[63)]

郡縣	書院	祠宇	輝額		計	郡縣	書院	祠宇	書院	祠宇	計
			書院	祠宇							
全 州	7	2			9	龍 潭	1	2			3
高 山	2	1			3	鎭 安	2	4			6
茂 朱	3	5			8	益 山	4	1			5
長 水	2	4			6	沃 溝	1	1	1		3
臨 陂	1	1	1		3	高 敞	2	5			7
金 堤	5				5	茂 長	1	4		1	5
萬 頃	5				5	興 德	2	1			3
金 溝	2	2			4	雲 峰	1	3			4
泰 仁	2	5	2		7	南 原	12	15	2	2	27
井 邑	1	1	1		2	玉 果	1	3			4
古 阜	1	2		1	3	任 實	10	1	1		11
扶 安	5	1			6	淳 昌	5	1			6

書院은 南原이 12個로 많고 祠宇도 南原이 단연 많다.

古阜郡을 중심으로 하여 본다면 南原·任實·金堤를 제외하고는 많으며 이는 地理的으로 볼 때 평야지대로 보아서 많다고 할 수 있으며 賜額書院은 國立의 敎育기관이기 때문에 그 성격은 크다고 하겠다.

古阜郡의 敎育기관에 대하여 말하면 古阜鄕校는 古阜里 160番地에 있으며 中設位 鄕校로써 殿宇는 大成殿이 五間建物이고 左便에 東廡三間이 있고 右便 西廡三間이 있다. 內三間은 三間이 있고 明倫堂 五間이 있고 東齊·西齊가 있었는데 西齊三間만이 남아있다.

中國齊賢 五聖과 十哲, 宋朝四賢, 朝鮮十八賢을 享配한다.

傳承된 집기로는 祭器, 祭服, 書籍 등이 있는데 그 목록은 古阜鄕校誌에 기재되어 있다.[64]

書院으로는 道溪書院이 있는데 1673年(顯宗 14) 李希孟, 金齊閔, 崔安, 金地粹를 享祠하다가 1697년(肅宗 23)에 金齊顯을 追享하고 1840年(憲宗 6)金昕을 追加하였다. 1868年(高宗 5) 철훼되었다가 1913년 유허비를 세우고 1962년에 중건하였다.[65]

祠宇로는 旌忠祠(所聲面黑岩里)가 지정이외 문화재 80號로 되였고 1632(仁祖 10)에 창건하였는데 壬辰倭亂때 순절한 東萊府使 宋象賢, 蛟龍山城 守禦將 申浩, 丙子胡亂때 순절한 安州 牧使 金浚을 享祠하는데 1657年(孝宗 8)賜額이 내려졌다가 1868年 훼철되였는데 1964年에 복설되었다.[66]

書山祠는 梨坪面 八仙里에 있으며 1823年(純祖 23) 창건하여 權克中을 享祠하다가 崔希汀을 추배하였으나 1968年에 朝令에 의하여 훼철되고 유허비가 있다[67]

慕賢齊는 北面南山里에 있으면 雨日書堂이라고도 하며 壬亂前까지 있었으나 폐허되었다가 1811年(純祖 11)에 建立하였다가 다시 1862年에 白髮稧가 遺地에 창건하였다.[68]

이와 같이 사회교육인 書院·祠宇가 있었고 다시 복원하는 것으로 보아 교육열 강하여 앞서가는 고을로써 傳統文化를 계승 발전시키려고 한 邑이라고 하겠다.

마. 土着 姓氏와 世居家門

農耕社會는 農土라는 한정된 생산에 의존하기 때문에 農土와 가까운 곳에서 住居를 갖고 날씨의 변화에 따라야 하기 때문에 한곳에서 代代로 영위하며 살다가 世家를 이루고 살았다.

이 집안들은 각기 전통을 갖고 勢를 텃주인이라고 외지 전입한자들에 군림하면서 토지의 富로써 행세하며 살았다. 이러한 土着은 土地를 富의 축적으로 측정되기 때문에 農耕社會에서 유지될 수 있었던 것이다. 이렇게 오랜 세월이 흐르면서 역사적 문화가 되고 經濟的 富를 축적하여 世居 家門을 이루었다.

그리하여 고을을 이름한 姓氏를 갖게 되고 또한 血統을 빛낸 것으로 家門의 영광과 他人에 대한 경멸로써 존재하는 族譜의 兩班社會의 형성 속에 존재하여 나갔던 것이다.

이로써 古阜를 本貫으로 하는 姓氏와 高麗, 朝鮮初의 部曲, 鄕, 所의 명칭을 근거로 하여 姓을 갖게 되였다.

먼저 全北郡縣의 명칭을 한 世居姓氏와 部曲, 鄕, 所로 명칭한 姓氏의 종류를 비교하겠다.

古阜는 他郡縣보다 土着姓이 보다 많이 있다.

土着姓氏를 보면은,

土 着 姓 氏 表[69]

郡 縣	前土着	土着姓	部 姓	鄕 姓	所 姓	續姓, 來姓
全 州	19	9		4	7	4
珍 山	4	5			3	3
錦 山	5	5			14	2
益 山		7	2			1
古 阜		5	2	4	1	1
金 堤	5	5		1	2	4
金 溝	5	5		3	3	
萬 頃	5	5			7	2
臨 陂		5				
沃 溝	5	5				1
咸 悅		5	4			2
龍 安		4				5
扶 安	8			1		2
井 邑		5				
泰 仁	10					3
高 山	5	4				
礪 山		4	5			6
高 敞		5	5		2	4
南 原	5	10				3
淳 昌	7	5			1	1
龍 潭		6		1		
任 實	5	6	1		3	
雲 峰		5				
長 水	5	3			3	2
茂 朱	12					
鎭 安	4	5				2

古阜姓：李(瀛州), 殷, 裵, 林, 白, 金, 朴, 全, 高, 河, 趙, 韓, 姜, 張,
　　　　南, 徐, 黃, 劉, 秋, 崔

鄕：水金：李, 金, 陳

富安：曹, 金, 陳

荒調：朴, 張, 金, 尿

音聲：井

部曲：毛助：白

雨日：朴, 金, 車, 白, 李, 殷, 林, 尹

所德林：林, 金, 尹, 車, 白

禿邊：高, 林, 宋

이상의 49개姓氏는 古阜를 本貫으로 하고 있는데 인접한 井邑은 10
個姓, 泰仁은 34姓氏와 비교 할 때 元居住地를 本貫으로한 姓氏가 많은
것이다.[70]

그리고 300年 이상을 土着居住하여 世居家門을 이루는 姓氏를 살펴
보면은,

李氏：古阜(瀛州) 星州, 鳳山, 咸平, 全州, 公州, 慶州, 清安

宋氏：礪山

金氏：道康, 彥陽, 扶寧, 光山, 義城, 錦山, 清道, 金海

柳氏：高興, 文化

崔氏：全州, 楊州, 郎州

海州吳氏, 安東權氏, 豊川任氏, 密陽孫氏, 耽津安氏, 紆州黃氏, 南洋
洪氏, 平山申氏, 丹陽禹氏, 慶州鄭氏, 濟州高氏, 辛州殷氏, 宣寧南氏, 清
州韓氏, 羅州羅氏, 咸悅南宮氏, 金堤趙氏, 昌寧曹氏, 詩山景氏, 奉安朴氏,

利川徐氏 등이다.[71]

위의 姓氏는 代代로 古阜에 사는 姓氏들 중에 뿌리를 두고 世居家門으로 45姓에 이른다. 전통적 문화를 이 家門들에 의하여 유지되고 전승된 것이라고 할 수 있겠다.

7. 文化的 傳統

한 고을의 傳統文化는 긴 歷史속에서 生活의 遺産으로 남게 된다.

고을은 시대적 이 역할에 의하여 文化遺産이 남는데 이는 그 지역의 傳統속에 계승되기 때문에 遺蹟을 통하여 그 지역의 특성을 알 수가 있게 된다.

古阜는 三國時代부터 西海岸의 要鎭으로 政治, 軍事 中心地로써 城址와 佛敎文化를 받아 佛蹟 등이 있다.

인접한 泰仁은 南北朝時代의 統一新羅의 영향으로 崔孤雲의 逍遙地인 蓮池의 披香亭(室物 289)이 있으며 縣監이 있었던 東軒인 淸寧軒(地方有物 75)가 있는 것은 儒敎文化의 儒鄕이 되였던 것이다.

여기에 古阜는 三國時代부터 高麗의 佛敎時代를 거쳐 朝鮮의 儒敎文化와 共存하는 佛敎의 信仰과 儒敎社會가 전승되었던 것이다.

이러한 전통문화의 계승은 高麗朝에서 瀛州觀察使가 인접의 屬縣을 관할하였고 또 뒤에 安南都護府가 되어 行政의 中心이 되어 文化의 遺産이 남게 되었다. 이 전통문화의 계승은 他地文化보다 우수하였기 때문에 전승되어 傳統고을터인 성곽과 佛敎文化를 살펴 볼 수 있다.

다음에서 城址와 佛寺, 塔, 像을 살펴보아 文化的 遺蹟으로 전통문화를 밝히고자 한다.

가. 邑域과 土城址

都城은 邑을 보호와 치안을 위하여 있으며 山城은 防禦를 위하여 있는데 아직도 이러한 城과 城터가 있다.

優德里山城址는 德川面 優德里 山6番地 주변에 있으며 地方記念物 第르51號로 속칭 시루봉(甑峯)의 土城으로 全州에서 泰仁을 거쳐 古阜 쪽으로 통하는 교통의 요로에 접해 있으니 三國時 古沙夫里郡의 中方 古沙城에 속하는 外城으로 보인다.[72]

古阜邑舊城址는 地方記念物 第53號로 城隍山의 정상에 있었던 古阜郡의 고을터인 邑城으르 土築으로 둘레가 1,045尺이고 높이가 8尺이며 4개의 우물이 있다.[73] 이는 古阜郡邑의 위용을 말하여 주며 邑의 역할의 중요성을 의미하기도 한다.

金寺洞山城址는 永元面隱仙里 山26番地에 있으며 지방기념물 제55호로 扶安으로 통하는 지방도로변에 있으며 우물이 있고 門樓의 흔적이 있다.[74]

隱仙里土城은 永元面 隱仙里 山193番地에 있으며 속칭 獄址로 우물과 문루의 유지가 있다.[75]

이와에 斗升山城은 地方記念物 第54號로 標高는 435m이며 일명 都順, 高山城으로 石城으로 一乃八百余尺으로 三國時代城으로[76] 보기도 하며 또한 高麗時代로 보기도 한다.[77] 이는 三國時代인 百濟때 건축되었다가 다시 고려시대에 개수한 것으로 보아야 할 것이다.

이들은 古阜邑을 중심으로 한 邑의 治安의 行政統制인 邑城과 軍事上의 防禦의 山城으로 이루어진 것으로 보아서 고을의 크기에 따라 비례한다고 보아야 할 것이다.

나. 佛寺와 石塔, 佛像의 文化財

佛寺는 百濟時代에 백성의 신앙으로 社會 敎化의 역활하는 중심이
된 모이는 곳으로써 高麗時代에 國敎였으므로 佛敎文化가 크게 번성하
게 되었다.

그러나 朝鮮의 抑佛崇儒政策속에서도 傳統文化로써 계승되였기 때문
에 寺刹 등이 아직도 보존되어 남아 있었다.

佛寺로는 萬日寺, 望月寺, 燈溪寺[78]와 斗弁寺(遊仙庵) 赤松庵, 圓通菴,
善殿菴, 東雲菴, 光照菴, 銀石寺 등이 있었다.[79]

東國與地勝覽의 佛字중에서 萬日詩는 所聲面萬壽里의 斗弁山에 있었
다고 하는 데 절안이라고 일컫는 寺址만이 있다.

斗弁寺는 古阜面南福里斗弁山에 있으며 遊仙寺라고도 하며 高麗時代
에 창건한 것으로 추정하고 있다.

淨土寺는 淨雨面大寺里의 淨土山에 있으며 1299年(忠烈王 25)에 창건
한 것으로 되어 있다. 이 외에도 확인된 寺址로 泉谷寺址(德川望帝里)와
海鼎寺址(古阜面龍興山 14)가 있다.[80]

石塔이 있는 곳에 寺刹이 있는 것으로 볼 때 더욱 많은 佛寺가 있었
다고 보아야 할 것이다.

이러한 佛寺는 民衆의 염원을 빌기 위해서와 佛法을 강론하는 장소
였기 때문에 많은 신도들에 의하여 유지 발전되었다고 보아야 할 것이
다.

佛寺가 있었던 곳에 石塔이 있었기에 이에 대하여 살펴보겠다.

佛塔은 佛心을 精誠으로 表現하였으며 이를 통하여 염원을 기원하고
자 한 信仰藝術의 表現物이다. 이 石塔은 지구성을 갖고 예술성이 높기
에 남아 있다.

○ 陰仙里 三層石塔 : 보물 제167호로 永元面天台山 서쪽 기슭에 있
  는데 百濟時代에 세워진 것으로 추정된다.

○ 泉谷寺址七層石塔 : 寶物 第309號 德川面望帝里 10番地에 있으며
  高麗時代期에 건축한 것으로 보고 있다.

○ 南福里 五層石塔 : 지방유형문화재 제95호로 南福里 永慕齊뒤편
  에 있다.

○ 海鼎寺址石塔 : 古阜面龍光里山14番地에 있으며 지방유형문화재
  96호로 亥丁洞으로 불리는 마을에 있다. 이는 文字는 다르나
  발음은 같다.

○ 長文里 五層石塔 : 지방기념물 제13호로 古阜面長文里陽池洞 長
  文堤 동편에 있으며 高麗朝 건축양식이다.

이런 佛塔이 있는 곳은 佛寺가 있는 곳으로 보아서 佛心의 염원이
石佛像으로도 表現되였다.

○ 大嚴石佛 : 德川面望帝里山7番地 望帝峰의 東便中腹에 위치한 立
  像으로 佛身이 약4m나 된다.

○ 龍光里 石佛坐像 : 古阜面龍興里山14塔同마을에 있으며 지방유형
  문화제97호로 높이가 약100㎝이고 趺坐의 넓이는 70㎝로 八
  重仰蓮으로 高麗時代것이다.

○ 南福里 彌勒菴石佛 : 지방유형문화재 제99호로 약 150㎝의 半身
  像의 석불이다.

○ 丹通庵 石佛遺址는 古阜面立石里 圓通峯의 山項南面에 있으며 傳
  說이 있는 石佛로 石塔만 남아 있다.

○ 所聲 雙石佛址는 新川里元春水里에 있는데 彌勒雙佛로 165㎝와
  145㎝이다. 座台가 없는 것으로 農地개간으르 인하여 옮겨

졌을 것으로 보인다

이 외에 所聲面古橋里元蓮洞里에 있고 所聲面鳳佛陽里區內粟에도 있으며, 永元面新永里區內元과 梨坪面山梅里와 淨雨面淨土山에 있다.[81]

嚴石으로는 女人의 遠望의 限이 서린 望夫石이 있어 그 女人의 노래인 오늘의 井邑詞까지 있다.

傳統文化로써 實物 2점과 地方記念物4와 地方有物文化財 4점이 있다.

古阜郡이 그만큼 傳統的 藝術性이 있어 文化財로 선별되어 佛教文化의 꽃을 피웠던 遺物로 남아 있는 것이다.

佛像은 佛陀의 再顯으로 現世求福은 염원하는 기원의 불공의 대상이였고 佛塔은 佛心의 사리를 모아 봉인환 坐禪의 결정이 나타난 것으로 禪의 정성을 모아 쌓은 佛寺의 상징건축이 塔인 것이다.

民衆이 현실을 떠나 삶에 긴장을 해소하고 복을 염원하여 득복하고 미래에 극락에 갈 수 있다는 활력소로써 생애에 보람을 이룩한 하나의 생활유산으로 생긴 傳統文化의 佛教文化가 형성되었다. 이는 그 고을의 정통성과 고유성을 갖는 문화를 형성하여 남은 것으로 타군에 비교하여 볼 때 우수한 傳統文化라고 할 수 있겠다.

8. 맺음말

封建社會에서 近代로 향하여 東學農民革命運動의 진원지인 古阜의 環境과 沿革 및 産業, 經濟 및 傳統文化面에 대하여 位相을 再照明해 보았다.

여기서 다시 논의할 때 古阜郡은 他郡보다도 農耕社會에 있어 우수한 농경지로써의 관계시설과 옥토를 갖고 있으며 기후조건도 좋아 풍요로운 곳으로 생활여건이 좋았다고 하겠다.

그리고 郡은 행정적인 면에서 주변 郡縣보다 우위로 주변에 屬縣을 두었고 급이 높은 從四品의 郡守가 있었다. 이것은 百濟時代부터 統一新羅, 高麗에서 朝鮮朝까지 계속되었다는 것으로 보아 고을의 비중이 향상되었다고 볼 수 있다. 새로운 新羅·高麗朝에 흡수되지 않고 전통문화를 유지하고 있었다.

이것을 뒷받침하는 것은 農耕産業을 이루는 洑·堤등의 水制灌漑시설도 三個川을 통만 비옥한 농토에서 풍작을 이루어 全國的으로 全北이 畓은 26.6%이고 出稅로 太는 약 3분지1이며 米穀은 70%를 생산하는 財政에 宮房 및 衙門土가 34.4% 차지하여 많은 佃戶는 상대적으로 無田의 상태에 놓이게 되었던 것이다. 이렇게 全北道가 財政의 부담이 큰 만큼 古阜郡 또한 여기에 점하는 비율이 가장 높게 차지하고 있었다.

公共土地를 耕作하는 사람이 많은 만큼 貧富의 격차도 심하였던 것이다.

耕者無田의 증가로 하위계층은 무리를 짓는 응집력을 갖게 되고 生存의 문제를 뭉쳐서 해결하고자 하였던 것이다.

社會的 構造가 地方行政機關의 중심이 되어 他部보다 上位職이므르 경쟁이 심한 要職이였으며 地理的으로 要地였기에 住居와 人口가 많아 번창한 고을이였다. 이로써 書院, 祠宇의 敎育機關이 발달하고 耕作地에서 代代로 이어 오면서 世居家門이 형성되었고 土着姓氏의 貫鄕이 되어 支配層과 被支配層이 상존하면서 큰 고을을 이루었던 것이다.

文化的인 面에서는 歷史가 깊었던 고을이였기 때문에 傳統文化가 전승되고 이러한 문화유적이 城址나 佛寺址 또는 石塔, 佛像이 남아 文化

財로써 보존되고 있다. 여기에 東學과 近代化가 들어왔다.

이로 볼 때 古阜郡은 오랜 전통문화를 갖고 있어 意識水準이 높은 고을이었는데 日本이 東學農民에 대한 民族精神을 말살하고자 행정구역 개편을 통하여 분할하고 축소시켜 面單位로 전락시키어 지난날의 찬란한 古阜의 歷史를 없애어 植民地에 힘썼기에 여기서 古阜를 再照明하고자 한 것이다.

1) 吳知泳, 『東學史』永昌書舘, 1939.

　　金庠基, 『東學과 東學亂』, 大成出版社, 1947.

　　東學思想研究所, 『東學革命』, 1979.

　　申龍福, 『東學黨』, 探究堂, 1973.

　　金義煥, 『韓國近代研究論』, 成進文化社, 1973.

2) 韓㳓劤, 「東學農民의 蜂起」 『韓國現代史』, 新亞文化社, 1969.

　　韓㳓劤, 『東學亂 起因에 관한 研究』, 1971.

　　崔玄植, 『甲午東學革命史』, 金剛出版社, 1980.

　　노태구, 『동학혁명의 연구』, 백산서당, 1982.

　　姜在彦, 「봉건체제 해체기의 甲午農民戰爭」 『韓國近代史研究』, 한울, 1982.

　　李炫熙, 『東學革命과 民衆』, 大光書社, 1935.

　　申龍福, 『東學思想과 甲午農民革命』, 평민사, 1985.

3) 『東國與地勝覽』卷33. 古阜郡條

　　東至 泰仁界三十七里, 南至 吳德界十八里, 西至 海岸三十七里, 北至 扶安縣十七里

4) 『增補文獻備考』卷 19. 與地考7, 粟峴一麓 北至 斗升山 有古阜郡治.

5) 『井邑郡史』

　　『한국 기후 편람』, 중앙기상대, 1985.

　　『한국 기후도』, 국립중앙관상대, 1962.

6) 『三國志』魏志 東夷傳.

7) 『三國史記』卷37, 志6.

8) 『高麗史』卷57, 志11, 地理2.

9) 『三國史記』卷36, 志5.

10) 『高麗史』卷57, 志11, 地理2.

11) 『三國史記』卷36, 志5.

12) 『三國史記』卷37, 志6

13) 『增補文獻備考』15卷, 與地考3.

14) 『高麗史』卷57, 志19.

15) 前揭書, 上同.

16) 『高麗史』卷57, 志11.

『增補文獻備考』卷15, 與地考3.

17) 『世宗實錄』卷151, 地理志 全羅道.

18) 上同.

19) 『東國大典』吏典.

20) 『新增東國輿地勝覽』卷33～39.

21) 『大典通編』官職
   『大典會編』官職

22) 『明惠公立房古阜地買得田畓打量成冊』(규장각 18189번) 1672.
   通訓大夫 行 古阜郡守 臣 李.
   『全羅道 古阜郡 毓祥宮 免稅畓庫長廣卜數或冊』, 1747.
   通訓大夫 行 郡守 韓
   『全羅道 古阜郡 所在錦成尉房 恩賜田畓捨結打量成冊』, 1749.
   通訓大夫 古阜郡守 臣 趙
   『全羅道 古阜郡 所在 龍洞宮田畓量案』(규 18038), 1830.
   通訓大夫 行 郡守 臣 鄭

23) 『全羅北道誌』上, 1969, 788～793쪽.
   道의 位置, 管轄區域 및 府郡의 名稱·位置 管轄區域
   總督府府令 第111호, 1913. 12. 29.

24) 『井邑郡史』, 1985, 370쪽.

25) 『施政 二十五年史』朝鮮總督府, 163～164쪽.
   『韓國地方行政史』內務部, 1966, 60쪽.

26) 『文獻備考』卷22, 與地考 10.
   碧骨堤湖… 國中大堤 此與古阜郡訥堤, 益山郡 黃登堤 通稱三湖
   忠淸全羅之稱 湖西湖南以北

27) 『太宗實錄』卷35, 18년 1월 13(甲子).
   巨見古阜之地訥堤 古置三大水門 其東水門則流注扶寧縣東西一息餘里
   中門則流注扶寧縣西面 西門則流注保安縣西灌漑之利 幾乎萬餘頃
   以此觀之 利多害少可知矣.

28) 『世宗實錄』卷3, 元年 2月 乙亥
   古阜郡 訥堤城堤長 三千四百八十尺
   『文獻備考』卷22, 與地考 10.
   訥川爲湖堤長一千二百步 周四十里.

29) 『世宗實錄』卷1, 元年 9月 癸酉.

　　全羅道監司 據知 古阜郡事呈 本郡訥堤灌漑之地 將至萬餘結 淸於農隙發丁夫修
　　築從之.

30) 『世宗實錄』卷9, 元年 2月 乙亥.

　　自是年正月十日始 二月十日畢 凡役一萬一千五百八十名.

31) 『世宗實錄』卷9, 二年八月 丁己.

　　全羅道觀察使報 大雨 古阜郡 訥堤決 下田六百余結沈水.

32) 『世宗實錄』卷9, 二年 9月 己卯.

　　全羅道觀察使 請修築碧骨堤 令政府之曹議之 皆請傳豊年修築 從之

33) 朴奎東 永世不忘碑, 1872년(高宗9年) 5月.

34) 『井邑郡誌』, 19쪽.

35) 註33) 參照.

36) 郡守 安候吉壽 萬石洑革罷善政碑, 1898年 9月.

37) 『世宗實錄』卷3, 元年 2月 乙未.

　　全羅監司 李安愚啓 古阜訥堤下 司耕萬余結 乞依井田之誌 同養公田 從之.

38) 『湖南邑誌』參照.

39) 『世宗實錄』卷151, 地理志.

40) 『度支田賦考』1784年, 14쪽.

41) 『度支田賦考』1825年, 169쪽.

42) 『度支田賦考』1825年, 217쪽.

43) 『朝鮮田制考』1940. 부록참조.

44) 『全州府管下各郡收租案』全羅道, 1896.

45) 『全州府管下各郡收租案』全羅道, 1896.

46) 『全州府管下各郡收租案』全羅道, 1896.

47) 『古阜郡土地台帳』

48) 『古阜郡所在 忠勳府田畓量案』, 1813, 郡守 金.

　　『全羅道 古阜郡毓祥官免稅畓庫長廣卜成冊』, 1747, 郡守 韓.

　　『全羅道 古阜郡所在 龍洞官田畓量案』, 1830, 郡守 鄭.

　　『明禮官屬付 古阜』縣監 曺.

　　『全羅道 古阜郡所在錦成尉房 思賜田畓拾結打量成冊』, 1789, 郡守 趙.

　　『明惠公主房 古阜地買得田畓打量成冊』, 1671, 郡守 李.

49) 『經國大典』戶典 職田條.

50) 朴廣成,「宮房田의 硏究」, 仁川敎育大學論文集, 5, 1970.

51) 『顯宗實錄』券7, 4年 10月 庚辰.

定宮家免稅田結數 大君·公主 四百結, 王子·翁主 二百五十結.

52) 『續大典』戶曹 宮房田條.

53) 『朝鮮田制考』朝鮮總督府.

朴廣成,「宮房田硏究」, 28쪽.

54) 李榮薰,「開陸期 地主制의 一存在形態와 그 停滯的 危機의 實相」『經濟史學 9, 426쪽.』經濟史學會, 1985.

55) 「東從門辯」『東學亂記錄』上, 157쪽. 甲午正月十一 邑民敎百

以明禮宮洑一款聯訴不散.

56) 『東經大典』『與地國書』『湖南邑誌』

57) 『내고장 傳統文化』井邑郡, 218쪽.

58) 『承政院日記』高宗 卷12, 高宗30年 11月 30日부터 高宗31年 1月 9日, 參照

59) 『承政院日記』高宗 卷12, 31年 1月 9日.

60) 『承政院日記』高宗 卷12, 30年 12月 3日.

61) 『高麗史』卷83.

62) 『湖南邑誌』參照.

63) 『全北院宇綠』

『玉果誌』

韓文鍾,「全北地方의 書院·祠宇에 대한 試考」『全羅文化의 脈과 全北人物』 全羅文化 硏究所, 1990.

64) 『井邑郡史』, 700〜701쪽.

65) 『井邑郡史』, 711쪽.

66) 『井邑郡史』, 710쪽.

67) 상동, 726쪽.

68) 상동, 729쪽.

『내고장 傳統文化』, 250쪽.

69) 『新增東國輿地勝覽』卷33.

『增補文獻備考』卷 47〜53, 帝糸考.

70) 『내고장 傳統文化』, 井邑郡, 215쪽.

71) 『내고장 傳統文化』, 井邑郡, 215쪽.

72) 上同, 187쪽.

73) 『新增補國與地勝覽』 권33.

74) 『내고장 傳統文化』, 188쪽.

75) 上同.

76) 『增補文獻備考』 與地考 15, 城郭3.

77) 『新增東國與地勝覽』 卷33.
    上築周一千四十五尺 高八尺 內有四泉.

78) 윗 책.

79) 『井邑郡誌』 張泰喜, 履露齊, 1936, 30~32쪽.

80) 『내고장 傳統文化』 參照.

81) 『井邑郡池』, 30~32쪽.

제6장

東學農民革命運動과
淸·日戰爭에 대한 硏究

1. 머리말

　韓國은 東北亞에 있어서 中國과는 국경을 맞대고 있으며 日本과는 남해를 사이에 둔 인접국가로서 밀접한 역학관계를 갖고 있었다.

　中國은 西逝東漸에 의하여 개항과 영토분할이라는 어려움과 경제적으로 침탈당하고 있었다.

　日本은 또한 美國에 의해 개항되면서 경제의 침투에 양이운동으로 明治維新의 개혁이 이루어져 근대자본주의 국가 체제로 전환하는데 있어 내부문제와 시장확보라는 어려운 문제를 안고 있었다.

　외부의 지향이 臺灣의 점령과 朝鮮의 개항이었다.

　중국은 越南문제로 佛國과 전쟁의 상태로 朝鮮이 宗藩인데도 개항에 방임하게 되었다.

　朝鮮은 개항으로 日本에 의해 경제침투와 군정개혁을 당하여 壬午군란이 발생되고 淸의 파병으로 독립파의 甲申정변이 일어나 淸의 세력하에 놓이게 되었던 것이다.

朝鮮의 조정은 급변하는데 따른 혼란을 갖게 되었고, 백성은 혼란 속에서 살길을 찾게 되었다.

中國은 朝鮮의 宗藩관계가 변하였고, 日本은 조선에 대한 정치적 영향력이 약해지고 수출이 적어져 경제적 이익이 적어지게 되었다.

이에 따른 東學農民의 분출이 革命運動으로 표출되었다.

日本은 이것을 계기로 淸·日戰爭[1] 혹은 日·淸戰爭[2]을 일으켰다.

이전까지는 대개 각기 자국의 입장에서 본 전쟁논저로써 東學農民革命運動을 통한 淸·日戰爭을 본 논저는 없었다.[3]

東學農民革命運動을 朝鮮입장에서 중국과의 관계와 日本의 상황을 살핀다면 東學農民革命運動과 淸·日戰爭이라는 논문이 나올 것이다.

淸·日전쟁만으로써 시대의 흐름을 파악하는 것은 한편만을 보는 것으로 東學農民革命運動으로 인한 淸·日戰爭을 연관하여 함께 살핌으로써 새로운 견해가 나타날 것이다.

2. 對 淸朝關係

朝鮮과 淸의 관계는 明朝와의 관계가 淸朝로 이어지는 宗藩관계의 계속이었다.

淸과 직접관계는 滿洲에서 女眞족으로 後金이라고 발흥하여 丁卯호란(仁祖 5년 1627)이후 淸朝로써 丙子호란을 당하여 臣禮를 취하고 朝貢을 약속하였다.

明朝때에는 四使行으로 冬至, 正祖, 聖節, 歲幣使가 정기적이였으나 사건이 있을 때 수시로 명칭의 使行이 있을 때 朝貢을 바치었고, 順治 2년(1645)에 冬至使의 일행에 합병되었다.[4]

朝鮮의 王이 등극 시에 冊封을 받았다.

純祖초의 朝貢의 물가로는 약 錢 30만兩이었고, 回賜品정액은 錢 4,100兩이고 贈給品은 약 14,200兩이었다.

왕실의 물품이나 약재의 구입이고, 공식적인 朝貢무역외에 使臣들에 의한 사무역이 있었으나, 노자와 사물품 등으로 이루어졌던 것이다.

이외에 지역변경의 中江(년 2차)개시총수는 19,158錢兩이고 會寧(년 1차)개시총수는 5,718錢兩, 慶源(격년) 1,078錢兩으로 이루어졌다.[5]

개시에는 淸관리가 파견되어서 접대 등의 피해를 보면서 생활필수품 등의 시장이 이루어졌던 것이다.

朝·淸양국간에는 中國은 宗主權으로 冊封하였고, 藩屬으로 朝貢이 이루어졌으나 海禁으로 통상을 막았고, 政敎禁令에 대하여는 自行主持하였다.

淸朝는 아편전쟁으로 서양에 대한 中華의 자존심에 영토의 분할과 경제적 침약에 다한 洋務運動이 전개되었는데, 이는 군벌자강으로 변화되어갔다.

洋務運動은 자본주의적 근대생산방식을 모방하였으나, 봉건제도아래서 자본기업 제한으로 민족자본주의가 발전하지 못하고 낙후되었다.

淸은 伊犁에서 회교도의 반란으로 露國에 의하여 점령당하는 일이 발생하여 곤경에 있었으며 또한 淸·日修好條規때에 日本은 朝鮮의 自主獨立國을 주장하니 정치에 관여하지 않는다고 피동적인 입장을 취하였던 것이다.

1867년 2월 廣東의 中外新聞에 八戶順叔의 征韓論을 주당한 것에 3월 冬至使편으로 禮部에서 밀계를 보냈고 또한 1874년 6월에는 日本이 朝鮮에 출병할 것이라고 하였다.

淸은 越南문제로 佛國과 전쟁 중에 있었기에 琉球의 병탐이나 臺灣의 정벌 등으로 국내외 문제에 관심이 없고 朝鮮에 宗主權만 있었지 雲楊号事件시에 朝鮮의 침략이 임박함에도 淸의 역량으로 돕기가 어렵다고 하며 서양과 立約通商으로 日本을 견제하여야 할 것이라고만 하였다.

日本에 2차 修信使 金宏集이 淸공관을 방문하였을 때 黃尊憲은 私擬朝鮮策略이란 冊을 주면서 이는 親中國, 結日本, 聯美國하여 露國의 남하를 막아야 할 것이라고 하였다.

淸은 朝鮮의 문호개방으로 美와 수교하도록 하여 서방을 끌어들여 朝鮮을 강대국에 의한 세력균등을 이룩하도록 한 것이었다.

이는 조약에 알려져 李晩孫에 의해 辛巳斥邪運動으로 전개되어 혼란을 가져왔다.

高宗은 修信使를 2차에 걸쳐 파견하였으나 어떤 대책이 없으므로 부국강병을 위하여 새로운 문물을 수용하고자 다시 紳士遊覽團을 3개월간 파견시켰다.

그리고 대등외교관계를 위하여 81년에 淸에 領選使를 파견하여 朝鮮國員弁來學製造操練章程에 의하여 관원 18명, 學徒 20명, 工徒 18명, 수종 19명을 파견하였다.

또한 왕성경계병 3만 명에 때한 무기구입경비로 약 22만 냥을 계상하였다.

淸의 제도를 본떠 總理機務衙門을 설치하고 그에 12司의 기관을 두었다.

종래의 5군영을 武衛, 壯禦 2營을 두고, 軍務司아래 敎鍊兵隊(倭別技, 別技軍)인 신식군대를 두고 사관생도 100명, 군졸 300명으로 편성하여 구식군대보다 대우를 하였다. 이런 차별대우가 미곡부족으로 구식군대에게 녹봉이 13개월 밀려 불만인데 1개월 지급에 宣惠廳창고관리의 사사욕으로 정량미달과 미곡의 불량으로 격분한 군인들이 습격방화의 폭동이 壬午군란이 되었다.

日本교관이 살해되고 공사관은 방화되고 공사는 日本으로 탈출한 소식을 들은 주일공사 黎庶昌이 즉시 李鴻章에게 보고하기를 군사를 파견하여 사태의 발전을 저지시켜야 할 것이라고 건의하였다.

天津에 체류 중인 領選使 金允植, 問議官, 魚允中이 병선 수척과 일천 명의 군대를 파견해줄 것을 요청하였고, 이들에게서 자문을 들었다.

北洋大臣兼直隷總督대리 張樹聲은 北洋艦隊提督 丁汝昌과 馬建忠에게 威遠艦 등 3척을 출발시키고 廣東水師提督 吳長慶에게 군함, 泰安, 供化号와 招商局商船 鎭東, 日新에 淮軍 6개영 2,000명을 출동케 하여 南陽灣에 도착하였다.

吳長慶 등 3인은 大院君을 예방하고 다음날 답방한 大院君을 天津으로 압송하였다.

淸軍은 군란을 진압하므로 吳長慶은 袁世凱로 하여 練兵事宜으로 임명하므로 그는 장정 1000명을 선발하여 新建親軍營에 左右 2營을 두고 別技軍을 개편하여 前后 2營으로 4군영을 편성하였다.

이로써 다시 事大派인 閔氏들은 淸軍에 세력을 의지하고 정권을 장악하게 되었다.

그리고 서양에서 경제적 침략을 당한 것에 대하여 朝鮮에서 얻으려고 하였으니 朝·中常民水陸貿易章程을 체결하여 宗主權을 회복하고 藩邦에 대한 치외법권과 상선왕래권으로 무역상 광범위한 특권을 가져 수익을 획득할 수 있었다.

天津에 있던 獨人 묄렌도르프를 해관 총 세무서로 하여 재정고문에 임명하고 日本공사관에 있던 馬建常을 변협교섭통상사무로 외교관계를 담당하도록 하여 淸의 인맥에 의하여 지배하도록 한 것이다.

1883년 3월에 육로 中江통상장정을 맺어 宗主權을 명문화하고 6월에는 會寧에 대하여도 조약을 맺었다.

10월에는 陳樹棠과 穆麟德 사이에 윤선왕래 공도협약장정을 맺어 淸의 초상국윤선에 의해서 운항하도록 해운권을 장악하게 되었다.

淸·佛戰에 北洋진공에 대비하고자 吳長慶은 3개영을 인솔하고 遼東의 金州로 이동하여 袁世凱를 朝鮮營務總理로 임명하였다.

淸國은 佛國에 무참히 패배를 당하자 日本은 朝鮮에서 淸세력을 축출하여 세력을 확대시키는데 이용하자는 것으로 獨立黨을 지원하여 정권을 잡게 하자는 것이었다.

淸의 참패는 事大黨에게 큰 충격을 주었고, 獨立黨에게는 희망이 되고 大院君이 환국소문이 나기 시작하여 사대당은 사기가 소침되고 獨立黨은 고무되었다.

12월 초 郵政局 개국식 때 金玉均, 朴泳孝 등 독립당은 쿠테타를 일으키고 日本公使 竹添進一郞은 공관경비병력과 낭인을 이끌고 가담하는 甲申政變을 일으켰다. 친청파 보수대신인 민태호, 조명하 민영목 등이 살해되고 국왕은 독립당원의 수중에서 淸國이 출동하여 왕국에 진입하여 국왕을 구출하였던 것이다.

정변의 사후처리는 日本의 책임은 비공식 합의로 거론되지 않고, 日本人의 생명·재산에 대한 보상금을 지불하기로 漢城條約을 맺었다.

이는 天津의 李鴻章의 지시에서 日本과의 정면대결을 피하고 평화적인 해결을 강구해야 한다는 것이었다.

朝鮮에서 淸·日간의 대립을 완화하기 위한 회담이 이루어졌으나 淸의 일반적인 양보로 淸·日 양국은 철병하고 군사교관을 파견하지 않고 중대한 변란이 일어날 때 파병이 필요할 때 공식통보하고 종료되면 철병한다는 天津條約을 맺었다.

袁世凱는 甲申政變을 수습한 후 淸이 갔다 오면서 駐箚朝鮮總理交涉通商事宜의 직함을 새로 받아와 政治, 經濟, 軍事의 권한을 갖고 전횡을 자행함으로써 朝露通商條約을 맺어 露의 지원을 받아 引俄拒淸策을 강구하려고 하였으나 이것이 알려져 高宗을 폐위하려고 하였으며 영흥만을 조차하려는 밀약설로 묄렌도르프는 직무파면 되어 주폐국으로 좌천되고 전 상해주재총영사 데니를 외교고문으로 하고 해관세무사 멜리일을 총세무사로 하였다. 밀약설로 英國은 露國을 견제하고자 巨文島를 점령하였다.

이와 같이 정치·외교의 장악을 위하여 경제적으로 속박하고자 차관을 대여하고 타국과는 차관을 못하도록 하였다.

1882년 淸에 체제하는 領選使와 유학생의 경비로 28,250냥을 차관해 주고 해관창설과 부두건설비로 50萬냥을 차관을 체결하였다.

1883년 招商局에서 20萬 냥을 차관하는데 광산채굴권과 仁川-上海간의 정기항로 개설권을 담보로 제공하였다.

1885년에는 義州전선합동(漢城-義州-鳳凰成)에서 건설비로 중국독변전보상국에서 10萬냥을 차관하여 14萬여냥의 소요경비로 책정하였으나 실제가설비는 5萬냥으로써 배가 넘게 계정하여 涯豊銀行에 예치시켜 예속하도록 하였다.

전선의 설치로 이익을 얻고 군사력의 확보를 위한 것이었다.

고문으로 부임하도록 하여 차관교섭에 나섰던 알렌, 데니, 멜리일,

李仙得이 모두 외국에 차관에 실효를 거두지 못했다.

서울·부산전선은 日本이 가설하려고 한 것이었으나 淸에위탁까지 하였다.

同順泰에서도 1,2차에 걸처 20萬냥을 차관하고 또 방곡령배상을 위해 차관으로 3萬5천 냥을 빌렸다.

淸차관액은 庫平銀 일백칠萬냥6)으로 이는 日本의 2.2배가 되는 것이었다.

외국의 자본침투를 차관을 통하여 차단하고 사업을 통하여 경제적 이익을 획득하고자 한 것이다.

外交에 있어서 朴定陽 주미전권대신을 소환하여 면직처분하고 趙臣熙는 유럽 5개국 주재 전권대신에 임명되었으나 홍콩에서 압력을 받아 계획이 취소되었다.

또한 淸人들 이주를 장려하고 상인을 위하여 幇助會館을 분설하였으며 개항으로 日本상인 진출을 저지하고 수병과 상인들의 밀수가 성행하므로 해관이 단속하려고 했으나 저지로 여의치 못하였다.

朝鮮의 淸 수입은 1885년에 39만 불이었던 것이 1892년에 242만 불이 되고, 85년 수입이 청 19%, 日 81%였던 것이 92년에는 청 45%, 일 55%로 日本으로부터보다 淸에 대하여 크게 증가하였다.

이로 볼 때 宗主國의 朝貢보다는 실리적인 경제적 이익을 얻고 외교적으로 일본의 진출을 저지하고 차관을 제공하고 무역을 통하여 朝鮮을 보호국으로 하려고 하였다고 볼 수 있겠다.

3. 對 日本關係

朝鮮의 對倭政策은 왜인의 무역요구와 왜구의 침탈에 대한 회유와 강경책을 병행하였는데 室町막부가 성립되어 전국적으로 지배로 통치는 장악하였으나 아직도 對馬島와 九州의 변민들은 연안을 침탈하므로 회유책으로 수직왜인에 대하서는 년 한차례 무역을 허용하였으나 노략질이 심하므로 世宗제위때 李從武로 對馬島 정벌을 단행하였다.

이에 對馬島주 宗氏는 수차사신을 보내 사죄하므로 3포를 개항하고 왜관을 두어 편의를 돌보게 하였다.

왜선이 빈번해졌으며 많은 미곡과 면포를 수입해가므로 이의 통제가 필요해 歲遣船 년 50척, 歲賜米 년 200석으로 하는 癸亥조약을 체결하였다.

무역허가증으로 발급한 圖書나 도항증 명서인 文引을 검사하는 규정에 따랐으며 그들이 朝貢으로 진헌물인 銅, 錫, 유화, 약재, 향료들을 받고 회사물로 미곡, 면포등 생활용품과 나전, 도자기들 공예품과 서적, 대장경, 불상 등 문화물을 줌으로 일본은 문화에 큰 도움이 되었다.

3포에 거주하는 왜인들이 규정을 위반하는 일이 많으므로 엄격히 통제하니 삼포왜란이 발생하자 진압하여 폐쇄하고 교역을 중단하니 도주의 간청으로 癸亥條約때의 절반으로 壬申條約을 체결하였다.

그 후 戰國을 통일한 豊臣秀吉은 假道入明하에 壬辰倭亂(文綠役)후 무역과 외교가 단절되었다.

德川막부 들어와서 光海君때 대마도와 乙酉조약을 맺어 통신사를 파견하는 등 외교가 있었으나 300여 년간 對馬島를 통해서만 교역과 교신이 이루어졌다.

日本은 1853 美國에 의하여 개항하였으며 양이와 타도막부에 의해 1868년에 왕정복고의 明治維新을 하게 되었다.

개항으로 위기의식을 느꼈던 막부 말기의 양이론자들은 서양과 같이 부국강병으로 대항할 수 있는 국가로 발전할 수 있는 방법으로 朝鮮침략을 생각하였던 것은 松下村塾에서 후진들에가 애민양사를 주장했던 吉田松陰을 비롯한 木戶孝允, 森山茂, 西鄕隆盛으로 이어지는 정한파가 외형상으로 표방하는 것은 朝鮮의 무례함에 두고 있었다.

朝鮮은 西學과 丙寅洋擾로 鎖國政策을 지향하는데 日本 신정부는 朝鮮과 교역을 위하여 1868년 3월 막부체제하에서 朝鮮外交를 담당하였던 대마도번에게 특별한 권익과 지위를 인정하고 외교를 위임할 것을 통고하고 천왕정권의 성립과 신정부가 외교권을 행사한다는 사실을 통고하도록 명령하였다.

대마도번주는 조선으로부터 받아 사용하였던 도선의 병경들을 승인하지 않을 것을 알고 있었다.

그러나 대마도 도주는 담당관의 양해를 얻기 위하여 정식사절의 파견에 앞서 선발관을 파견하여 東萊府 왜학훈도 安東晙에게 재판서계등본을 제시하고 왕정복고와 이에 대한 통지를 위한 대주대차사의 파견 및 신인날인의 이유를 설명하였다. 이에 황실, 봉칙 등 신용어와 도서의 무단폐지 등은 외교격식에 어긋나는 사실로 접수를 거부하고 대수대차사의귀환을 즉각 요구하였다.

일본정부는 대마도번에게 사절파견을 못하게 하는 특권을 박탈하고 중앙 관할로 하였다.

1869년 6월 판적봉환으로 외주성에서 대조선 외교업무를 직접 담당하게 되었다.

1871년 7월 폐번치현으로 중앙집권체제가 되는 한편 사족인 무사들이 실직하는 사태가 속출하게 되어 이들의 불만해소와 돌출구를 찾게 되었다.

동북전쟁후 제번과군대는 신정부의 불만의 표출을 정한에서 이루고자 하였다.

1870년 1월 외무성 佐田白芽와 森山茂를 파견하였으나 받아들이지 않음으로 귀국 후 복명서에 50일안에 30개 대대병력으로 정복이 가능하다고 주장하여 정한론이 다시 논의하는 계기가 되었다.

무역으로 조선 문제해결을 주장하는 강경론이 비등하였으나 岩倉 등의 구미사찰 이후로 파병이 연기되었다가 귀국에 西鄉 등이 사직되어 파벌대립은 정면전으로 변하여 西南戰爭이 일어났다.

이제 정한론을 주장한 정한파는 붕괴되어 정한론 자체는 잠잠하였으나 외교교섭은 계속되었다.

1870년 5월, 통사 浦懶祐는 권대참사 大鳥正朝의 내시를 받고 구례의 방식으로 타협안을 제사하였으나 주일독일대리공사 브란트가 독일군함 헤르다에 탑승하여 외교교섭이 거절되자 위협사격을 가하여 돌아갔는데 대마도 역관 등 일본인이 동승하였으므로 왜양이 공모하였다는 혐의가 짙게 되어 교섭을 거절당하였다.

1870년 11월 외무권소승 吉岡弘毅와 외무대독 森山茂들의 일본의 파견원을 밝히고 왜관에 도착하여 훈도 안동준이 면담요청에 대마도의 사신외에 교섭할 수 없다고 하자 辛未양요가 일어나니 일본은 이 사건이 말려드는 것을 꺼려해 적극적인 외교를 중단하였다.

1872년 森山茂, 廣津弘信 등이 부산에 도착 桶口鐵四郎은 귀국하게 하고 서계를 전하였으나 사신은 구례에 위반됨으로 거절하였다.

1872년 5월 외무출사 相良正樹등의 관원을 끌고 왜관을 나와 東萊부사에 직접 교섭을 요청하였으나 왜관난출로 훈도 안동준과 별차 高在建이 파직되었다.

大院君 실각소식을 접한 일본은 즉각 외무출사 森山茂를 재차 파견하여 정세를 파악하도록 하였다.

朴定陽 암행어사는 경상도 대일외교 담당했던 관료를 조사하여 대일외교를 급속히 추진하도록 하여 신임 왜학훈도 玄昔運으로 1874년 9월 森山茂와 국교재개문제를 회담하도록 하였다.

서계를 보낼 것을 합의하고 森山茂는 동경에 돌아가 보고하고 12월에 외무소승으로 승진하여 교섭하였으나 1875년 2월에 협상은 결렬되었다.

한편 臺灣정벌에 나갔다 돌아온 雲揚号가 4월 20일 부산에 입항하고 제2처 조묘호가 5월 9일 합류하여 연습을 핑계로 함포사격을 감행하여 위기감을 조성하였다.

또 5월 10일 서계문제를 논의하였으나 무산되었고 운양호는 8월 21일 강화도해안에 정박 후 작은 배로 한강어구를 항해하니 초지진 포대에서 포격을 감행하여 저지하고자하니 운양호는 함포사격으로 초지진을 파괴하고 영종도에 상륙하여 살상하고 노략질을 한 후에 되돌아갔다.

운양호사건처리와 수교교섭을 위해 육군중장겸참의 黑田淸隆을 특명전권 대신으로 하여 원로원의관 정상형을 특명부전권변리대신으로 임명하여 1876년 1월 도교만을 출발하였다.

2월 申櫶을 접견대관으로 하여 江華府에서 만나 강압에 의한 朝·日修好條規를 조인하고, 8월 조일무역규칙 등의 부록문서가 체결되었다.

조약은 불평등한 치외법권과 무관세 등 침략적인 발판을 마련하고자 하는 계기가 되었다.

조약 후 파견권유로 金綺秀를 수신사로 파견한 것은 부국강병책을 위한 시찰이었다. 예조참의로 76명으로 구성하여 수신사의 위엄과 격식을 갖추어 악공, 절편수, 영기수들이 30명이나 수행하였다.

그의 보고서인 日東記游는 일본의 선진문물의 시찰이라는 의도와는 차이가 있었다.

高宗은 2차로 김굉집 수신사를 방문에 답례 겸 관세회복과 공사의 주재 등의 현안을 협의하고자 하였다.

그러나 무관세 무역에 전권사신이 아니라는 이유로 관세협의를 못하였다.

침략가능성을 살피고 문물조사의 의도를 갖고 있었다.

그러나 청공사와 필답으로 관세지식과 정보를 업고 관세운영도 견문하였다.

그가 얻어온 朝鮮策略이란 책이 조야에 알려져 위정척사의 운동이 나타나게 되었다.

보다 적극적인 일본시찰을 위해 많은 인원을 파견하였다.

1881년 1월 紳士遊覽團을 파견한 것은 수신사의 시찰이 별효과를 거두지 못했기 때문이었다. 즉 각계에서 신문화수용이라는 의도에서 이루어진 것이라고 보겠다.

이들이 시찰한 明治문화는 개화운동의 초기였으며 문화의 차이에서 오는 식견부족과 시찰이 해상의 제약이 되었다.

구성원은 朝士 12명이고 수행원 26명에 역사, 하인 각 12명으로 총 62명이었다.

시찰기류는 각성의 업무와 직체 등이고 견문사항으로 시설, 문물, 제도 등이었다.

이러한 시찰은 일본의 권유와 편의에 의하여 이루어졌으며 제도 등을 모방내지는 답습하도록 하여 조선을 이해시켜서 일본식 개화를 위한 것이라고 할 수 있겠다.

1881년 4월 군대의 강병을 위한 근대화를 추진하고자 하도감에 신식군대인 敎鍊兵隊라고 別技軍을 두었다.

왜식군대라 倭別技라고도 하고 쟁총대라고 불리였다.

일본의 掘本禮造를 초빙하여서 신식군사훈련을 시켰다.

구식의 5영을 파하고 무위, 장어의 2영으로 통합 개편할 때 별기군은 군무사 소속으로 있었다.

무관자제 중 20명을 사관생도로 모집하였다가 140명이 되고 병졸은 300여 명이였다.

별기군은 월급 10원과 군복, 식비를 매월 받았으나 구식군대는 경비의 부족을 이유로 13개월의 군량미를 받지 못하였다.

별기군의 우대는 구식군대의 차별로 불만을 일으켜 壬午군란을 유발하는 계기가 되었다.

개화파인 金玉均 등이 戶山사관학교에 유학생으로 파견되었고, 일본의 문물제도로 기계창, 典圜局, 郵政局 등이 세워지게 되었다.

淸은 4영을 설치하였고 청기군을 양성하였고 군관들의 오만한 태도와 병들의 작폐로 반청감정을 더욱 자극하게 되어 민족감정을 개화파가 대변하는 것이 되었다.

청·불 전쟁으로 청병 3영이 이동하여 주둔군은 반감되었고 청의 패전은 사대당에게 큰 충격을 받게 되고 독립당은 회생의 희망을 갖게 되었다.

日本은 외교적으로 미·불과 교섭하여 지지를 얻게 되자 공사 竹添進一郎을 소환하여 침략지시를 하여 11월말게 서울에서 개화파들을 정변하도록 부추겼다.

12월 우정국 개국식에서 거사를 일으켜 궁중에 진입하여 일본의 호의를 받아 친청파인 민씨 대신인 민태조, 민영목, 윤태준, 조영하등을 살해하였다.

청의 진입으로 3일천하로 끝났고, 개화파들은 공사를 따라 망명의 길을 떠났다.

정변으로 계급타파의 평등에 혁신을 부르짖게 되었다.

日本을 피해보상을 요구하는 漢城조약을 맺었으며 이후 大院君이 귀국하게 되고 朝貢과 허례의행이 폐지되었다.

1885년 기준으로 朝鮮대외 무역수입의 81%를 일본에 의존하고 있었다.

일본에 대한 피해보상금을 위하여 차관하여 보상하고 유학생 경비충당금으로 17만원을 차관까지 하였다.

일본 방적은 1887년 생산규모가 5배 증가하여 생산고를 9배나 되었다.

이는 朝鮮에 수출하여서 많은 쌀을 수입하므로 1889년 5월 黃海道, 10월 咸鏡道, 1890년 3월 黃海道에사 防穀令이 내려져 이에 대한 피해보상으로 배상하는 등 피해는 차관에 의존하게 되었다.

이로써 日本은 자본주의국가 체제로 전환되어갔다.

4. 東學農民革命運動

가. 東學의 起因

東學은 崔濟愚가 1860년 37세때에 無極大道를 득도하여서 西學의 침입을 보고만 있을 수 없어 東學을 만들었다고 한다.

西學의 침입이란 丙寅, 辛未양요로 天主敎를 믿는 자가 늘어나고 이에 대항하고자 東學을 창도하였다고 하였다.

그는 전정, 군정, 환곡의 3정이 문란함으로 晋州민란이 발생하여 민심이 흉흉하고 민간신앙이 흥행하고 풍수설과 도참설이 유행하여 백성들은 마음의 안식을 구하고자 하였다.

이에 질병이 확산되고 치료방법이 없어 弓乙, 龜龍자를 赤色字로 창호지에 써 주어 이를 불태워 먹도록 하여 일부 치유해 주었다,

이에 백성들이 모여 들어 呪文을 외워 믿게 하였는데 爲 天主顧我淸永世不忘萬事宜라 하였다.

신앙의 대상으로 天主, 한울님이라 하여 초자연적인 존재개념으로 하여 東學은 儒佛仙의 합이라 하고 儒敎의 倫理와 佛敎의 覺性과 道敎의 陽氣를 택하였다.

東學의 경전인 東經大典은 布德, 論學, 修德文 등과 그외의 편으로 된 교리이고 龍潭遺詞는 8편으로 되어 선대의 덕과 득도의 개연성으로 후세를 예언하고 찬송하는 가사로 되었다.

敎理는 天心則人心으로 天人合一로 布德으로 自我는 守心正氣하고 對外는 誠敬信으로 하라고 하였다.

思想은 平等思想으로 계급타파로 신분차별을 없애고 輔國安民으로 내 몸 내서 我國保全하자고 하였고, 廣濟蒼生으로 질병에 신음하는 백

성을 구하고 開闢思想으로 先天世上에 後天開闢으로 東學唱道를 이룩하자는 것이었다.

질병을 치료해주고 미래를 예언하므로 백성들이 모여서 신도가 되겠다고 함으로 관아에서 邪學을 퍼트려 惑世誣民한다고 하여 大邱에서 1864년 41세로 참형을 당하였다.

崔濟愚가 감옥에 잡혀있을 때 동학도들의 집단항의를 받고 석방된 뒤에 제자인 崔時亨에게 이제까지 논술한 자료를 주면서 멀리 떠나가라고 하였다.

崔時亨은 피신하면서 숨어지내기를 30년 간하면서 45회이상 거처를 옮기어 다녔다.

그리고 東經大典과 龍潭遺詞를 간행하였다.

그의 포덕은 事人如天이라고 하여 생활실천강령을 만들어 실행하도록 하고 接包制를 13개 조직하여 六任制를 두고 敎祖伸寃運動을 전개한 것이 辛未事變인 李弼濟事件으로 聞慶에서 500여명을 모아서 신원을 펼친다고 부중을 침입하였다가 참살당하였다.

다음이 參禮집회로써 사학이라고 관리들이 부당하게 주구하므로 종교의 자유와 교당의 설치를 허가해 달라는 것이었다.

그러나 신원허락이 되지않음으로 科儒로 분장하여 光化門앞에서 40여명이 밤낮사흘을 동학인정과 신원요구와 관리들의 횡포를 규탄하였다.

그들은 외국공관과 교회당에 斥洋倭의 벽보를 붙였다.

이에 일본은 본국에서 군함 1척이 파견되었고 영·독군함이 仁川에 래박하였다가 뜬소문임을 알고 돌아갔다.

별다른 성과가 없자 報恩에서 집회를 열었는데 오방에 斥倭洋倡義라

고 쓴 오색기를 세우고 각 접포에서도 참여표시의 중·소기를 세우고
모인 교도가 2만 7천여 명이나 모였다.

이들은 윤음을 듣고 감읍하면서 퇴산하였다.

나. 東學農民革命運動

東學農民의 1차봉기는 古阜에서 일어났는데 全琫準이 주도가 되었
다. 그는 서당의 훈도로써 아버지가 관리에 의해 억울하게 곤장을 맞아
죽었다고 하는 한을 갖고 있었다.

郡守 趙秉甲이 더욱 수세증수를 위해서 새로이 萬石洑를 쌓고 착취
한 칠만석을 쌓아두고 학정이 심하므로 1893년 11월에 沙鉢通文을 돌
리였다.

그러나 효과가 없자 300여명이 馬項理삼거리에 모여 성을 함락하고
허약한 관리들을 죽이고 군기고를 점령하여 무기를 들고 옥문을 열고
창고를 열어 빈민을 구혈하였다.

안핵사로 부임한 李容泰가 민란의 주모자을 색출한다는 징치방침으
로 재산을 약탈하며 고기 엮듯이 잡아감으로 백성의 분노를 사게 되었
는데 봉기의 원인을 토지제도 해이와 과잉과세로 보고하여 관리의 잘
못보다는 조정과 백성에게 원인이 있다고 하였다.

이에 全羅監司에게 직소하였으나 대답이 없고 더욱 탄압이 가중되자
이에 재봉기를 계획하게 되었다.

2차봉기는 3월에 茂長에 머물던 全琫準은 동학농민을 규합하여 白山
에서 湖南倡義大將所명의로 창의문을 발표하고 약 8,000여명이 모여서
輔國安民의 깃치를 내걸고 왜적을 몰아내고 서울로 진격하여 세도가를
몰라내자고 하며 萬石洑를 헐어 버리고 泰仁관아를 점령하고 관군이

온다는 말로써 3대로 분류하여 扶安현을 점령한 후 황토현에서 진을쳐 관군과 전투에서 대승을 거두었고 그 여세로 全州城을 점령하였다

한편 조정에서는 將衛營 洪啓薰을 招討使로 임명하여 700여명을 淸 함선 平遠号편으로 仁川을 출발하여 群山에 입항하였다.

全州로 향하지 못한 것은 절반이 이탈하고 사기가 저하되고 100여명 이 사망하고 대포 3문과 양총 100여정을 탈취당하였다.

그리고 지원군을 요청과 함께 외국차입을 건의하게 되고 조정은 차 병지원을 논의하게 되었다.

全琫準은 全羅監司 金鶴鎭과 全州和約을 맺었는데 弊政改革 12개조 로 세제개혁과 보부상 폐단시정, 매관매직금지, 대원군에게 정치를 맡 겨 민심을 수습하는 것들이었다.

그리고 全羅道 53개 군현에 동학교도에 의한 執綱所가 설치되었다.

이는 신분차별철폐와 토지의 균작을 요구하면서 동학의 포덕성도의 지방행정개혁에 중점을 두어 동학의 包接制의 六任制로 執綱所八織으 로 확대되어 서기, 성찰, 집사, 동몽의 실행체제를 갖추었다.

東學農民軍은 全州和約한 뒤에 全州城을 나온 것은 이상의 전투는 의미가 없으며 더 이상의 한계를 넘을 수 없다고 보았던 것이다

그리고 淸·日양국의 간섭의 구실을 주지 않기 위해서 내란을 수습 하고 평화 상태를 회복하고자 하는 데 또한 의미를 두었다.

全州城을 나온 1대는 금구·태안에 이르고 孫化中을 약 2,000여 명 이 茂長에 주둔하였고 金開南에게 좌도를 통할하였다.

東學農民革命소식을 들은 日本은 파병을 준비 계획하고 공사귀임 때 병력을 대동하여 6월 21일 새벽에 1천명으로 조선군 무장을 해제하고 왕궁을 점령하고 大內貨寶 등 내별고의 전화잡물을 착취하고 무기고의

무기를 탈취해갔다.

이로써 왕이 연금 상태가 되고 淸軍의 구축 의미를 갖게 되고 친일적 개화정권이 전권을 장악하였다.

대원군으로 집정하도록 하여 軍國機務處를 설치하여 개각을 단행하고 朝·日合同暫定條款을 강제체결하고 攻守兩國同盟을 맺어 淸國과의 조약을 무효화시키고 추방하는데 日本에 위임하도록 하였다.

일본의 궁성점령에 대하여 全羅監司 金鶴鎭은 南原에 전하여 全州에서 東學徒들로 수성토로하고 全琫準에게 지휘권을 이양하였다.

그리고 左右都執綱의 명으로 군현집강소에 항일대책을 세워 보냈었다.

한편 大院君은 효유문을 보내 무기를 놓고 농사일로 돌아가라고 하였으나 밀사에게 日本軍이 궁성을 점령하고 있으니 몰아내기 위하여 倡義斥倭의 재봉기를 하도록 하였다.

南原의 金開南은 日本군의 궁중침입소식을 듣고 全琫準에게 재봉기하도록 하고 김인배로 하여금 구례, 곡송, 진주에 진출하도록 하고 梁河一은 낙안에 입성하였다.

全琫準은 몸이 불편할 뿐만 아니라 추수를 앞둔 시기로 농민의 동원과 군량미의 조달의 어려움이 있었으나 추수가 거의 끝나고 해서 재봉기를 결정하고 參禮에 대도소를 두고 9월 14일 800여명으로 全州에 가서 무기를 탈취하며 돌아왔고 高山, 勵山, 威鳳山城의 무기들을 취합하였다.

南原에서는 5, 6만 명이 무장하고 군량미를 거두어 들여서 몇 백 석을 쌓아두고 軍木도 확보하고 동전도 모아두었다.

한편 崔時亨은 각 포에 통문을 띄워 재봉기해서 안된다고 하며 호남의 全琫準, 충청의 徐璋玉은 국가의 역적이라고 하였으나 각 포와 각 집강소에서 모여서 주전론과 화평론은 사원을 풀라는 4천여 명의 동학도들이 주둔하고 있어서 분위기가 주전론으로 돌아가자 孫秉熙에게 통솔하도록 하였다.

조정은 호위부장 申正熙를 都巡撫使로 하고 日本軍에게 토벌을 간청하여 19대 대가 주축으로 나서게 되었다.

10월 15일 淸風부근에서 수령 8명 체포되고 30명이 사망하였고 화승총 2정이 탈취당하였으나 동학농민군은 진공목표를 公州로 합의하여 10월 22일부터 1만명으로 점령할 수 있을 것이라고 보았으나 이미 일본군이 먼저 도착해 있었고 신식무기를 갖추고 있어서 소모전양상에서 11월 8일 농민군의 주력부대는 牛禁峙를 진격했으나 1, 2차전에서 만명의 농민 군중 7천명이 전상하거나 탈주하여 3천명만이 남았으나 3, 4차의 공격에서 불과 500여명만이 남게 되었다.

수뇌부는 일단 퇴각하였다가 다시 모병하여 공격할 작전으로 퇴각하였다.

그러나 다시 군병을 초모한다는 것은 제대로 이루어지지 않고 규율이 해이해지고 전의는 상실했었다.

全琫準은 추격을 받으며 패잔병을 이끌고 魯城, 全州, 泰仁을 거쳐 笠岩山城에 있다가 군세를 잃지 않고 있는 金開南을 만나러 가는 도중 淳昌에서 부하 金敬天의 밀고로 체포되었고 孫華中은 高敞에서 체포되었다.

日本軍은 安保의 병참지부를 습격하고 水口, 平昌 등지에서 공격을 당하였다.

경상도 하동에서 700인이 교전하고 섬거역에서 약 700인이 전투하였고 晋州에서는 수백 명이 포위당하였던 것이다.

忠淸道에서 槐山부근에서 2만 명이 봉거함에 격전하였고 魯城, 敬天 부근에서 전투하였고 黃海道의 平山에서 300인이 습격당하였고 江原道 의 300명이 싸웠으나 점령당하였다.

95년 1월에 경상도 鍾谷에서 1만 명이상이 봉기하여 싸웠던 것이다. 이로써 東學農民革命運動은 日本軍에 의하여 좌절되었으나 抗日義兵運 動으로써 끝난 것은 아니었다.

5. 淸·日戰爭

壬午군란으로 日本은 淸國에 의하여 약화된 군사력 행사를 위하여 대책을 세워 갔다.

대청전쟁에 대비한 군비의 확장과 병제를 개혁하고 이에 대한 조치 로 참모 본부 중심의 작전 구상으로 大佐 小川又次를 2회에 걸쳐 중국 을 시찰하여 淸國征討策案이 나왔는 데 피아형세로 작전 계획과 선후 조치로 강화 후 滿洲를 분리시킨다는 것이었다.

친일파로 하여금 정변을 일으켜 정권을 잡도록 하는 甲申政變을 일 으켰으나 실패함으로써 군사력이나 경제력이 약화되어 갔다.

이에 대해 淸國은 군사력의 강화뿐만 아니라 경제력 면에서 수출의 신장과 청상인의 이주 등으로 그 세력이 확대되어 가고 있었다.

여기에 90년대 일본은 경제상황이 공황으로 인하여 조선의 방곡령으 로 쌀값의 폭등과 실업자들이 2천명의 시위 등이 있어 상업자본의 진 출이 치열하게 요구되었던 것이다.

山縣총리는 의회시정연설에서 국가독립자위로 제1主權선을 수호하고 제2利益선을 보호하겠다는 것으로 국가의 영토와 안위에 밀접한 구역을 보호하는 것으로 조선에서의 이익을 확보하겠다는 것이 된다.

조선정국은 사대파와 독립파의 대립상황에서 관리들도 정세변화에 민감하게 반응하게 되었다.

이러한 상황이 동학도와 농민이 함께 혁명운동으로 표출하게 된 것이다.

동학의 報恩집회때부터 淸구원설이 나오게 되었는데 洪啓薰이 靈光에 진출하면서 조정에 전문으로 외병차입을 건의하게 되었고 閔泳駿이 차병을 건의하고 袁世凱와 교섭을 취하게 되었다.

이는 사대파들이 정권의 안정을 위한 하나의 방책으로 나왔다.

日本은 東學農民革命運動이 일어나자 5월 20일 참모본부는 伊地知辛介 少佐를 釜山에 파견하여 공관의 渡邊鐵大郎 大尉와 제휴하여 정보를 수집하도록 하였다.

또한 北天吉三郎은 大鳥公使와 渡邊지시로 全羅道金堤까지 숨어 들어가고 渡邊은 경기, 강원, 함경, 충청, 경상 5도의 각 지방을 유람하였고 해군의 군함은 남·서해안에 상륙하여 관광을 빙자한 정보활동을 하였다.

福岡출신들이 釜山영사관보인 山座圓次郎의 도움으로 大崎正吉의 법률사무소를 거점으로 정보를 수집하고 정세의 변화를 분석하여 낭인들을 믿고 개입할 수 있는 길을 모색하였고, 玄洋社는 天佑俠이란 협객단을 조직하여 파견하여 관광인, 약장수로 변장하여 활동하면서 폭력을 감행하거나 방화로 난을 부추기는 역할 등을 하였다.

또한 玄洋社員인 山崎羔三郎은 淸의 牙山만 군사정황을 심사보고 하였다.

이러한 정보활동은 조선에 진출을 위하여 구실을 찾고 유리한 여건을 갖고자 한 것이다.

일본공사는 朝·淸의 차병의 논의를 알았고 6월 2일 중의원은 파병을 결정하고 5사단을 파병하기로 하였다.

조정은 6월 3일 淸에 차병을 공식요청하였다.

6월 7일, 청의 주일공사가 조선의 의회로 파병한다고 정부에 통고하니 또한 小村대리공사도 天津조약에 의거 출병한다고 통고하니 상방이 출병의 명분을 갖게 되었다.

이는 일본이 하루빨리 파병을 결정하게 되고 5일에는 대본영명으로 거류민 보호명목으로 제5사단 동원령을 발포하고 大鳥公使가 八重山호 외 5척으로 육전대 488명과 순사 20명을 인솔하고 인천으로 하였다.

12일에는 보병 11연대 1,024명을 선발대로 하고 7월 10일에 보병 11, 21연대의 혼성여단 편성으로 7,853명과 15일에 5,000명이 仁川에 도착하였다.

공사를 수행한 육전대는 300명이고 11연대는 800명이라고 허위로 말하고 8,000명이 파견되었으나 4,000명이라고 하였다.

그리고 제2전선 가설대 345명과 해군 943명 등이 파견되었다.

淸의 李鴻章은 파병을 요청받고 또한 주일공사 江鳳漢의 보고에 내정의 어려움(5.31. 內閣彈劾上姜決議案이 가결됨)으로 조선 사태에 관여할 여유가 없다는 보고를 믿고 日本에 패전하리라는 것은 상상할 수도 없었고 또한 天津조약은 파병 시 단순히 고지의무만 갖는 것이라고 간단히 생각하였던 것이다.

淸·日간의 갈등을 英·露공사들은 냉담 속에서 정보가 유출되고 李鴻章과 袁世凱는 오만무례했고 허황한 야심에 차 있었기에 상황판단에

오류를 범하게 되었다.

日本은 淸이 6월 6일 山海關을 출발한다는 정보를 갖고 파병을 신속히 하였다. 6월 7일 직예총독 葉志超는 丁汝昌으로 2,800명을 牙山에 파견하였다.

日本군의 서울진입에 대신들은 반대하였으나 일본은 전쟁을 앞에 두고 청군보다 먼저 서울을 점령할 필요가 있었기 때문이었다.

淸의 袁世凱와 日本大鳥公使와의 회담에서 공동철병교섭을 추진하도록 하였으나 공관보호와 민란이 완전히 진압되지 않아서 주둔하지만 仁川에 입항해도 상륙하지 않고 철수하도록 한다는 것이었다.

朝鮮은 13일에는 淸軍철병을 요청하고 14일에는 日本軍의 철병을 거듭 강하게 요구하였다.

15일 공동철수를 비율로 淸은 2,465명 중 1/5인 400명이 아산에 남고 日本은 1,050명 중 1/4인 250명만 인천에 주둔하기로 하는 철병안이 제시되었으나 실현하지 못했다.

日本이 공동철수를 반대한 것은 개전으로 朝鮮을 지배하에 넣으려고 하였고 또한 대부대를 파견해 놓고 전쟁을 하지 않고 철수한다는 것은 국내사정으로 보아서 무리라고 판단과 본국의 반대로 15일에 朝鮮內政改革을 공동으로 실행한 것을 제안하였으나 淸은 내정간섭이라고 스스로 하도록 하여야 한다고 하였다.

그러나 쌍방의 군대는 속속 조선에 상륙하고 있었다.

日本의 陸奧외상은 해군의 자유행동 승인안을 내놓고 있었으며 해군연합 함대의 최신예함인 제1유격대의 吉野, 浪速, 秋津洲가 아산부근을 정찰 중에 북상하고 있었다.

북양육군의 총병력은 약 3만 명으로 19일 天津부근에서 2,300명을 차출하여서 1대 1,100명은 英상선 愛仁, 飛鯨호에 분승하여 21일 太沽를 출발하여 23일 牙山에 도착하였다.

제2대 1,200명은 英에서 임대한 高陞호에 탑승하여 23일 태고를 출발하여 25일 浪速호(東鄕平八郞)에 의하여 격침되어 200여명만이 생존하였다.

廣乙호는 폭발되고 濟遠호는 대파되어 피하였다.

이를 淸·日戰爭이 시작되는 豊島海戰이라고 한다.

淸의 濟遠호는 83년에 진주되어 15롯트이고 廣乙호는 91년에 진수되어 17롯트였다.

日本의 吉野호는 22.5롯트이고 秋津洲는 92년 진수되었고 19롯트였으며 浪速호는 18롯트였다.

日군함은 1만 1천 톤이었는데, 淸군함은 4천250톤이었다.

일본포는 15 〃-8문, 12 〃-14문, 26 〃-2문, 15 〃-6문인데 淸의 포는 21 〃-2문, 15 〃-1문, 12 〃-3문이었다.

일본이 화력 면에서 압도적으로 우세하였다.

해전에서 승리한 일본군은 지원부대가 없는 淸軍의 牙山을 목표로 공격하다가 成歡에서 전투가 벌어졌는데 淸의 주력은 총병 聶士成 2,000명이 방어하고 葉志超 1,500명으로 약 3,500명에 야포 8문이 있었고 日本은 보병 4개 대대와 기병, 공병, 포 8문으로 대결하여 淸軍200명이 사망하고 일본은 82명만이 전사하였다.

남은 淸병은 平壤으로 이동하였다.

이것은 成歡戰鬪라고 한다.

9월 17일에 黃海海戰이 일어났는데 淸은 定遠함 등 14척이고 日은 松島함 등 12척이었다.

배수량의 합계가 3만 5천 톤 대 4만 톤이고 평균 속도는 16롯트 대 18롯트였다.

실마력은 4만 6천 마력 대 7만 3천 마력으로 日本이 우세하였고 중포는 21문 대 11문이나 소구경 속사포는 6문 대 67문으로 큰 차이가 있었다.

淸의 超勇, 致遠, 経遠함은 침몰되고 鎭遠함은 격침되고 揚威, 廣甲은 좌초 대파되었다. 定遠호는 정원 32%인 113명의 전사자가 발생하였다.

日本은 比叡, 赤城이 대손해를 입었다.

풍도와 황해해전으로 日本은 해상을 장악하게 되어 해상을 통한 지원 병력을 기대할 수가 없게 되었다.

平壤에 집결한 淸은 육로만으로 보급과 지원을 받을 수밖에 없었다.

淸軍의 平壤부대는 제1선 부대 葉志超馬玉昆毅軍 약 3천명이고 제2선 부대 衛汝貴 盛軍은 6,000명이며 그리고 左寶貴 奉軍은 3,500명 있었고 야포 4문, 산포 28문, 기관포 6문의 장비를 갖추고 있었다.

이에 대해 日本은 野津5사단장이 平壤을 포위하고 元山, 朔寧의 지대가 합류하고 혼성 제9여단이 공격하였다. 삭녕지대는 모란대 요지를 점령하여 현무현을 돌파하고 大島 여단이 정면공격으로 북문 지휘관 左寶貴가 전사하고 청군은 2,000명이 사망하고 日本軍은 180명이 사망하였다.

이로써 한반도는 일본군이 다 점령하게 되었으며 그 여세로 제1군은 압록강을 넘어 갔고 제2군은 花園口에 상륙하여 金州, 大蓮, 旅順成을 치루어 遼東반도로 진출하였고 해상으로 山東반도에 威海衛를 점령하였다.

강화조약이 논의되었는데 日本의 기본 원칙은 4가지, ① 朝鮮의 완전 독립은 일본의 속국화의 제국주의 의도이며, ② 영토분할은 구미자본주의 제국의 통상특권을 의미하는 것이고, ③ 구주와 동등통상조약은 불평등과 같은 조약을 체결하고자 하였다. ④ 배상금은 전비충당과 확충을 위한 것이었다.

李鴻章은 영토의 침략을 더 이상 버틸 수 없어 중재를 요청하고 下關에 가서 조약을 맺었다.

그러나 日本의 확대를 우려한 獨佛露國은 中國의 영토분할은 있을 수 없다고 간여하게 되자 이루어지지 못했다.

이로써 淸·日戰爭은 下關조약으로 끝났으나 日本은 軍國主義로 변하여 갔으며 露·日戰爭으로써 조선을 보호국으로 하면서 合併하였다.

이로써 일본의 淸·日戰爭의도는 朝鮮의 植民化에 있다고 볼 수 있겠다.

6. 맺음말

朝鮮은 淸國과의 宗藩관계로써 종주국은 개항되었으나 丙寅·辛未洋擾에도 鎖國政策으로 일관해 왔다. 朝鮮이 淸에 使行으로 조공을 바치었는데 回賜品은 적어서 많은 부담이 되었다. 또한 開市에도 경비의 지출이 심대하였다.

淸·日修好約規를 맺을 때 朝鮮의 獨立國家를 주장하였으나 淸은 佛國과 越南문제로 전쟁 하에 있어서 외교관계를 고려해 자극하지 않고자 내정에 대하여 관여하지 않는다고 말하였던 것이다.

日本은 개항으로 攘夷운동이 타도막부로 明治維新을 이루어 개화하기 위해 朝鮮과의 對馬島외교에서 직접 외교를 하려고 하였으나 받아들이지 않았다.

한편 내정개혁과 내전을 거치면서 流球를 합병하고 臺灣을 정벌하였다.

朝鮮에 대한 외교로 운양호사건을 일으켜 개항하게 하고 朝鮮은 수신사와 신사유람단 파견과 별기군으로 일본화 되는데 淸에 영선사와 관원을 파견하여 대응외교로 나가려 했으나 구식군대의 차등이 壬午군란으로 淸軍에 의하여 진압되자 청병의 행패가 빈번하고 재정과 외교에 고문단을 파견하는 등 淸國化하자 독립파들은 국민의 대변자가 되었고 日本은 淸을 제거하고자 개화파들을 부추겨 정변을 계획한 것이 甲申政變이다. 3일천하는 청국으로 차관공여와 전선가설권과 상인 이주와 운항권 등으로 무역이 확대되어 수출의 증가를 가져오게 되었다.

변화되는 세계 속에서 백성들은 정치적 혼란과 관리들의 횡포 속에서 자신의 귀의를 찾고자 한 것이 東學이 되어 농민들이 따르게 되어 除暴救民에서 輔國安民의 執綱所를 설치하게 되었다.

日本軍은 거주민과 공관보호라는 명목으로 군대를 잠입시켜 궁중을 점령함으로써 抗日義兵의 斥倭運動으로 나가게 되었다.

관군이 패함으로써 차병문제가 논의되었는데 이 정보를 日本은 淸과 전쟁준비를 하고 차병을 요청하자 仁川에 병력을 집중하였다.

淸은 파병으로 牙山에 병력을 주둔하게 하고 증원군을 파견한 선박을 격침시켜 선전포고로 淸·日戰爭이 발생하였다.

풍도해전과 성환전투, 황해해전, 평양전투를 거치면서 요동, 산동반도가 공격당하자 강화가 성립되어 下關조약을 맺게 되었다.

日本은 한반도에서 淸을 제거하고자 東學農民革命運動에 대한 차병

이 양국의 파병으로 淸·日戰爭이 발생하였는데 이는 산업기반의 확대
와 곡물의 폭등과 공황으로 시장의 확대가 필요하였으나 청국으로 인
한 수출의 축소는 국내불만의 표출이 요구되었던 것이다.

日本의 근대화된 군비는 淸軍이 따르지 못하였으며 외교에 정보 부
족을 가져오게 되었다. 朝鮮의 개항으로 日本은 자본주의를 형성하게
되었으면 淸·日戰으로 조선은 식민화 되어 갔고 배상금으로 군국주의
로 전환하게 되었다.

 주

1) 한림대, 『淸・日戰爭再照明』
2) 騰村道生, 『日・淸戰爭 岩波書店』, 1973
   中塚明, 『日・淸戰爭硏究』, 靑木書店
3) 朴宗根, 『淸日戰爭과 朝鮮』, 一潮閣, 1989
   陳偉芳, 『淸・日甲午戰爭과 朝鮮』, 白山資料院, 1999
   姜孝叔, 「第2次東學農民戰爭과 日淸戰爭」, 『歷史學 硏究』762号 靑木書店
4) 『通文館志』, 3권 1쪽
5) 金海宗, 『朝中關係史硏究』, 一潮閣, 104~105쪽
6) 金王起, 「朝鮮의 淸借款導入」, 『韓國史論』3

제7장

3·1運動과 5·4運動에 대한 硏究

1. 머리말

韓國과 中國은 지리적으로 인접해있고, 역사적으로도 밀접한 관계에 있었다. 그러나 서세동점에 의하여 개항으로 서로 다른 여건에 놓이게 되었다. 中國은 서양에 의하여 개항되었으나, 반식민지 하에 있었으며 韓國은 동양의 日本에 의하여 개항되어 식민지하에 있었다. 韓國과 中國은 日本에 의하여 종속의 관계가 해소되고 中國과 日本과 인접하는 대결의 관계로 변하였던 것이다.

제1차 세계대전이 종결되므로 제국주의의 패망과 약소 민족국가의 자결이라는 문제가 대두하게 되었다. 여기에 영향을 받은 韓國과 中國은 다른 방향의 국가체제와 민족의 문제를 논하게 되었던 것이다. 이것은 상황이 다르나 시대의 사조에 따른 민중의 자각에서 비롯된 것이었다.

20C에 있어서 韓國의 3·1運動과 中國의 5·4運動은 그 역사에 있어서 분수령을 이루었다. 3·1運動은 당시 韓國에 있어서 日帝하에 있었

기에 自主獨立을 원하였고, 5·4運動은 中國에서 共和國과 군벌정부상
태에서 反帝國主義와 反封建을 원하였다. 이와 같이 韓國과 中國의 상
황은 同時代에 있어서 同質性과 異質点이 있었다.

3·1운동에 대하여 많은 연구가 있었으나[1] 이는 운동에 관한 것들이
고, 5·4운동 연구도 中國에서 연구가 많이 되었다.[2]

그러나 3·1운동과 5·4운동에 대한 역사성과 비교된 것은 별로 없
으며 3·1운동의 영향을 받은 5·4운동의 관계에 대해 비교된 것이 없
다.

따라서 본고는 20C 韓國과 中國의 상황을 두 과정으로 비교분석하
여, 그 역사성과 영향관계를 살펴볼 것이다. 그리하여 각 국가의 상황
은 어떻게 변천하였느냐 살피면 韓國은 자각으로 中國은 내부문제로
전환했다는 점에서 그 의의를 찾을 것이다.

2. 韓·淸國의 狀況

가. 3·1運動의 背景

朝鮮은 淸國을 통하여 西洋의 침입에 의한 개항으로 불평등조약체결
을 알고 있었으나 여기에 대한 대응책을 마련치 못하였는데 天主敎에
의한 丙寅양요가 일어나고 신미양요로 더욱 논의되고, 쇄국정책을 강화
하게 되었다.

한편 대마도를 통한 교류가 明治維新으로 단절되었는데 日本이 왜관
을 점령하여 교류가 단절되었다.

1875년 운양호가 영해를 침입하는 사건으로 불평등한 강화도조약을
강요당하였다. 이로써 수신사를 파견하고 신사유람단은 개화를 시찰하

는 개화파가 생겨나게 되었다.

日本은 別技軍을 우대하여 壬午軍亂을 일으키게 하였고, 공사관 경비로 경비병 주둔을 하고, 임오군란을 진압한 청나라는 종주권을 확보하고자하여 군대의 주둔과 경제의 침투를 기하였다. 또한 開化派를 사주하여 甲申政變을 일으켰다.

이렇게 되므로 정치는 사대당과 개화당으로 갈라져 정권장악을 목표로 청·일의 세력을 배경으로 한 한반도는 각축장으로 되어갔다. 백성은 가난과 질병에 허덕여 새로운 돌파구를 찾으려 東學에 들어가 탐관오리를 숙청하고 국정을 쇄신하여 양이를 배척하고자 하는 혁명에 들어갔다. 이 기회에 청군의 래원에 열세를 마련하고자 淸·日전쟁을 일으켰으며 동학농민군을 강제진압하고 갑오개혁에 들어갔다. 그러나 사대파인 명성황후를 시해하고 군제를 개편하였다.

친로파에 의한 아관파천이 이루어지고 만주의 철도부설에 대한 위기감은 로·일 전쟁을 일으켜 승리함으로 조선을 보호국으로 만들었다. 헤이그 만국평화회의 특사파견으로 高宗이 퇴위하게 되었고 군대는 해산되었다. 이러한 큰 사건이 있을 때마다 순국항쟁의 의병이 일어났다.

安重根의 伊藤 살해는 日本의 구실로 合倂으로 이어지고 安明根의 武官學校計劃이 安岳事件으로 이어져 독립투사들을 억압하였으나 내부의 저항운동으로 이어져 갔다. 병오의병 시 태인에서 일어나 순창에서 동족과 싸움을 할 수 없다던 최익현 참모장인 전락안군수 林炳瓚이 대마도에서 풀려나오자 12년 高宗은 밀지로 독립의군부를 설치하였고, 13년에는 대한광복단, 朝鮮 국권회복단이 생겼다.

한편 의병들은 대한제국이 망하자 속속 요동으로 건너가 반일무장투쟁을 위하여 망명하였다. 독립운동지로 이시영 등이 중심이 되어 서간

도의 三源堡에 군사훈련을 위한 신흥무관학교가 세워졌다.

新民會소속회원들은 일제의 취제를 피해 요동으로 가서 신흥강습소, 경학사, 부민회를 조직하여 교포에게 반일독립사상을 선전하고 반일투쟁의 인재를 배양하였다.

신흥무관학교는 매학기 600여명을 교육하여 1920년까지 약 3,500여명의 사관을 배출하였고, 훈춘에서 300여 독립군과 밀산에서도 1500여명의 사관을 배출하고 북로군정서도 1600여 독립군을 배출하였다.

이와 같은 독립군의 활동은 日本에 대한 투쟁이고 韓國인에 대한 독립의식의 고취였다.

한편 開化派에 의한 獨立運動은 獨立協會와 萬民共同會의 활동이 해산되자 大韓保安會가 大韓協同會로 되고 이는 憲政硏究會로 변하여 大韓自强會로 되어 大韓靑年會가 조직되었고 愛國啓蒙運動을 하였고, 또한 비밀결사단체인 新民會가 결성되어 목표를 ① 知識人 自己修養 ② 知識人 團結 ③ 敎育과 産業振興으로 民族的 力量近代化 ④ 自主的 力量으로 獨立機會捕捉에 두어 事業으로 大成學校로 세워 民族運動을 제2세대인 學生의 교육에 두고 民族資本形成을 위하여 磁器會社와 太極書館을 운영하고 靑年學友會를 組織하였다.

그러나 寺內 暗殺謀議造作으로 105人의 獄事事件을 일으켜 지하로 숨게 되었다.

한편 해외의 망명자들은 애국활동으로 韓國痛史로 민족의 혼을 불어넣었다.

日帝는 總督府를 설치하여 헌병경찰제로써 行·立·司法을 통솔하는 무단정치를 실시하고 토지조사사업으로 토지를 약탈하고 동양척식회사로 日本인의 사업을 장려하였다.

각종 법령으로 조선인은 참여하지 못하게 하고 우민화교육으로 향교 재산을 몰수하고 서당을 폐지하고 사립학교를 억제하고 보통학교는 日本을 위하여 유지비인 월사금을 내도록 하였다.

인재양성을 억제하기 위하여 전문학교나 대학을 설립하지 못하게 하였다. 싼 가격으로 쌀을 구입하여 日本에 수출하고 당목이나 석유 또는 사치품을 수입하여 상품시장화 시켰다.

나. 淸國의 狀況과 胎動

1) 열강의 침략

동북아시아 중에서 淸은 朝鮮·日本과는 달리 먼저 개항하였으며 이는 광주 한 항구에 국한하는 公海의 무역을 독점시키었다.

주 수출은 차·생사로 은이 유입되었으나 아편의 밀수로 역조현상이 일어나자 엄금하게 하므로 아편전쟁으로 번져 남경조약의 불평등조약을 체결하여 개항을 하게 된 것이 1841년이다.

전쟁으로 인하여 세입의 250%에 해당하는 약 9천 만 냥을 지출하여 강소·절강·광동·안휘성으로부터 세금을 가혹하게 거두어 들였다. 아편밀수는 노골적으로 되어 1851년에는 5만 5천 상자에 달하므로 한 해 세입의 반 이상의 은이 유출되었다. 이로써 은의 동전에 대한비가는 1821년으로부터 1849년 사이 85.9%나 증가하였다. 그런데 농민들은 생산물을 팔아 동전을 손에 넣고 은으로 환산하여 토지세를 납부하고 있었다.

은가의 등귀는 그만큼 그들의 부담을 무겁게 만들었고 각 성에는 중앙의 징수나 행정비의 부족에 대응하기 위하여 부가세징수나 은과 동전의 이중환율로 약자에게 더욱 중압을 가하였다.

1830년대부터 1840년대에 걸쳐 수해·재해·메뚜기 피해가 빈발하여 유민의 발생과 항조·항량의 폭동이 일어나고 천지회 등의 폭동이 빈번히 일어났다.

아편전쟁 후 무역중심지가 광주로부터 상해로 이동하므로 광서·호남에서 해고된 병사나 실직한 수부 또는 일용자들이 모여들게 되어 폭동에 참가하게 되었다. 이들은 변발을 장발로 기르고 천조전묘제도로 토지의 균등과 인간의 평등으로 멸만흥한의 깃발아래 혁명을 일으키는 太平天國亂을 일으켰다. 그러나 열강의 세력은 더욱 강화하게 되었다.

그 후 애로우호 전쟁으로 북경조약을 맺었고 이궁한 함풍제의 죽음은 천조의 변질을 갖게 되었다. 목종즉위 후 辛酉정변으로 西太后가 섭정하고 공친왕이 실권을 장악하여 양무운동이 전개되었다. 총리아문을 통하여 외교를 담당하도록 하였으며 신무기로 무장한 신기영을 창설하였다.

양무운동은 中體西用으로 부국강병을 내세웠으나 여러 여건으로 이루지 못하고 청불전쟁과 청일전쟁으로 책임을 지고 탄핵되거나 사임되므로 성과를 거두지 못하였다.

이후 강유위에 이한 변법주장이 무술개혁으로 이어졌으나, 국내외적인 이해관계로 개혁파와 수구파의 대립과 한족과 만주족의 대립으로 이어졌고 개혁을 둘러싼 영·러간의 다툼이 실패로 돌아간 백일유신이 되었다.

이때에 반기독교의 의화단이 부청명양을 내걸고 반제국·배외운동을 일으켰다.

이들은 젊고 농민층으로 화북평원을 강타한 한발과 수해로 패농한자들과 운송노동자·도시빈민·해산된 병사들이었다.

이로써 청조의 통치에 큰 타격을 입히고 반식민지적 위치가 되었으며 이에 위기의식을 느낀 지식층과 유학생이 혁명의 기반을 마련하게 된 것이다. 의화단난 후 보수세력은 서양의 군사력을 실감하고 외국의 장점을 취하고 청의 단점을 고쳐서 부강을 꾀하였으나 때늦은 개혁과 함께 신정을 반포하였다. 헌정사절단을 구미와 日本에 파견하고 앞으로 9년 후기 입헌군주제를 실시할 것을 선포하고 각성에 지의국과 자청원의 지방의회를 발족시켰다.

그런데 서태후와 광서제가 사망하고 선통제가 즉위하자 부친 순친왕인 재풍이 섭정하게 되었다. 국회개설 청원을 거부하고 신정개혁을 보수적 방향으로 되돌리자 입헌파의 실망을 크고 대립이 더욱 증폭하였다.

북양군의 창설로 군벌이 등장하게 되었으며 개혁추진을 위한 재원은 가연잡세로 반세투쟁을 전개하면서 청조타도에 나서게 되었다. 과거제도의 폐지와 신식학교의 설립은 전통적 사대부층과 의식구조가 전혀 다른 새로운 지식계층이 나타나게 되었다.

2) 신해혁명

개혁에 실패한 변법파인 강유위와 양개초는 日本과 미국으로 망명하였으나 신문·잡지를 이용한 저술활동과 교육을 통한 근대사조나 해외정세를 전하였다. 이들은 입헌군주제로 전환을 주장하는 것은 혁명이 혼란과 국론분열을 초래하고 이틈에 열강의 식민지가 될 것이라고 반대하였다.

그러나 손문을 비롯한 혁명파는 興中會를 조직하여 청조타도와 공화국건설을 목표로 혁명운동을 시작하여 광주에서 최초로 감행하려 하였으나 누설되어 망명하였다가 다시 귀국하여 혜주에서 거병하였으나 실패하고 2차 망명하였다. 러·일 전쟁에 日本의 승리는 입헌군주제의 승리와 동양승리로 혁명세력에 커다란 충격을 주었다.

미국과 유럽을 거쳐 日本에 온 손문은 송경인·황흥 등과 中國혁명동맹회를 결성하여 삼민주의인 민족, 민권, 민생 등을 강령으로 채택하였다.

한편 청조는 1911년 내외에서 개혁의 압력을 극복하고 왕조의 안정을 꾀할 목적으로 새내각인 만주황적 8명, 몽골귀족 1명으로 한 13명의 장관인 신귀족 내각을 발족하였으나 개혁을 원하는 지식인에게 절망을 안겨주었다. 이 내각은 차관을 얻기 위해 철도권을 담보로 제공하려고 철도국유령을 공포하였다. 철도부설권은 외국자본이 독점 경영하던 것을 이권회수운동으로 겨우 되찾아서 민간자본으로 새 철도가 건설 중에 있었다. 이는 철도국유화가 청조의 봉건성과 반민족성을 들어내는 것으로 사천성을 비롯하여 철도국유반대운동이 일어났다. 이때 전국적으로 반조세와 기아폭동의 농민투쟁이 확산되었다.

무창봉기를 신군의 하사관과 군사학생들이 일으킨 것은 무한3진을 제압하여 호북군정부를 수립하여 신해혁명의 직접적인 도화선이 되었다.

지방24개성 중 14성이 참가하여 남경을 점령하고 손문을 임시 대통령에 12년 1월 10일 중화민국 임시정부를 수립하였다.

이에 청조는 다시 원세개를 총리대신에 임명하여 혁명을 진압토록 하였으나 혁명파에 가담함으로써 청조를 멸망시키었다. 그리고 국민당을 탄압하여 대통령에 오르고 황제에 등극하여 반혁명적인 보수주의자가 되어 日本의 굴욕적인 21개조의 요구에 굴복하였다.

시대역행이 제국의 황제는 반원투쟁으로 황제취소에 혁명파의 타협을 시도하였다가 거절당하자 절망 속에서 병사하여 또 다른 혼란인 군벌활거의 와중에 휘말리게 되었다. 북양군벌은 日本지원의 안휘파와 영미의 후원받는 직예파가 있었으나 타협으로 단기서가 국무총리로 실권을 장악하였다.

한편 서남군벌이 북경정부에 자주노선을 선언하고 광동정부를 수립하였다.

3) 신문화운동과 북경대학

원세개에 의하여 황제체제 부활이 추진되고 보수반동의 풍조가 건국을 휘몰아치고 있을 때 전독수는 상해에서 신청년이란 잡지를 간행하였다.

이는 군벌의 전제지배와 대외종속의 강화로 좌절감에 빠져있던 청년지식인들에게 새로운 방향제시를 하는 사상적 등불이 되어갔다. 전통사상의 파괴와 서양의 신문화창조를 고취하는 방향타가 되어 신문화운동과 혁신사상운동의 모체로 발전되어 갔다.

이중 호적등이 제창한 백화운동은 문학혁명이었고 또한 노신의 광인일기, 阿Q正傳은 백화소설로 구사회의 암흑과 모순을 묘사함으로써 문학혁명을 실천에 옮겼다.

또한 많은 학생들이 유학을 마치고 서구의 민주주의사상과 과학학술이 도입되고 미국의 실용주의사상은 中國에 큰 영향을 주었다.

한편 북경대학은 관리양성의 목적으로 되어 관리로 출세하는 자격만 얻으면 된다는 기풍이 지배적으로 학문연구에는 무관심하였으나 채원배 총장의 개혁으로 진독수, 호적, 이대조, 로신 등의 신청년의 중심인물이 모여서 학구열이 높아지고, 전국에서 새로운 학문과 혁신사상을 탐구하려는 청년들이 몰려들어 반식민, 반봉건적 현상에 대한 비판으로 발전하여 정치, 사회체제의 근본적 개혁을 목표로 하는 신문화운동의 요람이 되었다.

러시아혁명은 세계 최초의 공산주의 정권으로 전 세계에 커다란 충격과 영향을 주었다.

中國의 지식계층은 러시아 혁명을 민감하게 받아들이게 되고 1918년 이대조는 북경대학을 중심으로 마르크스 학설연구회를 조직하고 신청년에 마르크스주의 특집호를 주며 공산주의 운동의 첫걸음을 열었다.

신청년 11월호에서 서민의 승리, 볼셰비즘의 승리를 발표하여 제1차 세계대전의 결과를 전제국에 대한 민주주의 승리가 아니고 전제주의, 자본주의에 대한 민주주의, 조공주의의 승리라고 하여 억압받는 민중의 행방운동의 승리로 파악하였다. 민주주의는 민중 스스로가 중력을 합하여 싸움에 의해 획득되지 않으면 안 된다는 이대조의 주장은 새로운 민중운동을 불러일으키자는 것이었다.

청년·학생사이에 자주적인 단체를 만들어 활동하는 것이 1918년경부터 학생구국회로 전국 각지에 대표를 보내고 국민이란 잡지를 발행하였다.

또한 전국의 뜻있는 청년을 결집하여 젊은 中國을 건설하자고 부르짖는 소년 中國학회가 결성되었다.

1918년 5월 日本은 러시아 혁명에 간섭하는 것을 목적으로 독일의 극동진출을 막는다는 명목으로 단기서 정권과의 사이에 비밀군사협정을 맺었는데 만주, 몽고등지에서 日本군의 자유행동과 中國군의 日本군에의 예속을 규정하고 21개조 요구의 제5호를 실질적으로 부활시킨다

는 내용이었다. 이를 알게 된 재일유학생은 즉각 반대운동을 시작하였
으나 日本 관련의 무자비한 탄압을 받자 항의를 위해 2천명이 일제히
귀국하여 이에 호응하는 북경의 학생들은 총통부의 2천여 명이 청원데
모를 하였다.

이러한 계기로 5·4운동의 기간이 되어 발전하였다.

新文化運動은 民主主義精神과 科學的·批判的 思考의 提唱으로 救國
과 新中國의 建設에 目標를 두었다.

다. 韓國運動과 中國運動의 差異

3·1運動의 배경은 日帝 抵抗속에 愛國啓蒙運動으로 新世代 學生과
自覺國民 成熟속에 自主獨立을 열망하여 일어났고, 5·4運動은 封建 政
治的 軍閥에 대한 進步知識人 言論에 의한 青年運動과 新文化運動의
影響에 의하여 世界의 變化속에서 일어났다.

3. 運動의 展開

가. 3·1運動의 展開

3·1운동은 불가능한데도 분연히 일어난 민족의 주권의식의 발로였
다.

제1차 세계대전의 종전과 파리강화회의 소식이 18년 12월 1일 日本
의 영자신문에 미주교포인 이승만, 안창호, 정한경 3명이 韓國민족대표
로 韓國독립을 제소하고자 파리에 파견된다는 소식에 日本 유학생계에
긴장감을 주어 장래에 대한 화제가 논의되었다.

국내에서도 天道敎에서는 1차 세계대전의 종전과 민족자결론과 파리

강화회의 소식이 전해지므로 방향을 모색하고 있었다. 천도교는 현실적으로 동학혁명을 주도하였으며 사회개혁운동에 그 요소를 갖고 있으며 정치적 색채가 농후한 종교 단체였다.

기독교측은 상해 신한청년당에서 파견된 선우혁을 통하여 해외소식인 김규식을 파리강화회의에 파견한다는 것과 국내에서 독립운동을 일으키길 바란다는 것을 듣게 되었다.

평안도의 장로계의 이승훈은 탁월한 계몽운동 지도자로써 사회적으로 영향력이 크므로 천도교계에서 연락을 취하였다. 서울에서는 감리교계의 박희도, 함태영 등이 민족자결 풍조에 독립에 대한 논의가 분분하였고 청년학생단을 조직하게 이르렀다.

중앙학교에서는 교육계의 송진우, 현상윤이 보성중학교장 최인으로 천도교의 조직력을 연결하자고 논의하였다. 학생 측에서는 연희전문 김원벽 등이 민주주의와 공화정치에 의존하여야 할 것이라는 의론이 있었다.

이러한 때에 2·8독립선언을 한 日本유학생인 송계백이 한상윤에 선언문을 전하여 손병희가 결심하기를 젊은 학생들이 의거를 감행하는데 선배로 좌시할 수는 없다고 하였다.

불교계의 한용운에 연결되어 참여하기로 하였다. 高宗이 붕어하셨다는데 독살설이 나왔는데다가 시녀 2명이 폭사를 당하는 일이 있었다. 이에 상인을 철시를 하고 학생들은 맹휴에 들어갔고 백성은 조의를 표하고 가무를 금하였으나 일본인은 극장에서 연악이나 가무로 조의를 표하지 않음으로 韓國인들은 더욱 분노와 슬픔이 더 하였던 것이다.

인산일이 3월 3일로 정하여짐으로 지방에서는 장례에 참가하기 위하여 상경자들이 많아졌다. 민족대표자들은 독립선언서 발표를 국민여론을 환기시키고 日本정부와 의화, 총독에 독립요구서를 보내고 미대통령과 파리강화화의에 독립청원서를 제출하여 국제여론에 의해서 日本을 압박하여 독립을 성취하기로 합의하였다. 선언서는 최남선이 작성하고 민족대표 49인과 서명자 33인으로 천도교 15인, 기독교인 16인, 불교 2인으로 하였다. 거사계획을 작성하고 운동의 실천방법으로 ① 대중화 ② 일원화 ③ 비폭력을 원칙으로 하였다. 보성사에서 2,100장을 인쇄하여 각도에 분담배포하고 상해, 日本으로 보내었다.

3월 1일 정동 예배장에서 전문대생으로 분배받은 각 중학교는 요소에서 배포하기로 하고 조예시간에 거사취지 설명과 배부를 하였다. 오후 2시에 태화관과 탑공원에서 동시에 독립선언서가 낭독되었다. 10년간 감추었던 태극기가 게양되었고 4천여 명이 독립만세를 외쳤다. 각 지역에서도 만세를 외치였다. 韓國독립운동지혈사에 의하면 전국 218개 부군에서 211군이 만세에 참여하였고 집회회수가 1,542회이고 집회인수가 2,023,098명이고 사망자 7,509, 부상자 15,961명, 투옥자 46,948명, 소실교회 47개, 소실학교 2개교, 소실민가수 715가옥이었다.

이와 같이 일체는 무차별적으로 탄압하였다. 이중 참가학생은 12,986명으로 200교가 참가하였고 피검된자는 2,671명이고 학생 2,037명으로 약 8%이고 기소된 자는 6,417명으로 학생 634명으로 10%나 되었다. 日本측 보고는 사망자 7,645명 부상자45,562 체포자 4,981명이고 가옥소실이 724채 교회소실이 59동 학교 소실이 3개교라고 되었다. 이는 1개월간에 거치 만세운동기간에 발생한 것으로 전체 인구의 비율로 볼 때 15%가 독립만세를 외치였던 것이다.

타 자료에 의하면 입감자 8,521명 가운데 종교인, 교사, 학생, 공무자 유업 등 지식인이 21% 해당하는 1,797명에 이른다는 것이다.

이러한 영향은 만주에서 3월 6일 환인에서 독립운동대회 개최에 7,200명이 참가하였고 용정에서도 독립운동축하회가 개최되어 3만여 명이 하던 중 日本군 경찰에 의해 13명이 사망하였으며 1919년 3월부터 5월말까지 반일집회가 회인13회에 7천여 명이 시위하였고, 용정17차례, 하얼빈 2회, 훈춘 4회, 연물 5회, 홍화 5차례나 열렸다.

이와 같은 독립만세운동이 일제의 탄압이 어떠하였는가를 보여주는 자료로 1907년 10월 이전에 헌병이 288명이던 것이 이후 주하헌병대로 독립부대로 개편하면서 782명으로 3배나 증가시켰고 1908년 3월에는 2,000명으로 증가시키면서 조선의 해산당한 군인들 중에서 무기력하고 빈곤한자들을 헌병보조원이라고 하여 3,000명이나 모집하였고 또 4,300명을 증가시켜 8,260명에 이르렀다.

경찰은 5,829명으로 도합 14,089명으로 의병이 1만 4천500명을 피살되었으며 이렇게 많은 수의 헌병경찰이 독립만세운동자들을 탄압하였던 것이다.

제1차 세계대전이 끝나고 美 윌슨 대통령 14개조 중 5항에 民族自決 주장과 베르사유 평화조약에 따라 3·1運動은 ① 조직적인 활동으로 전개되었고, ② 비폭력에 의한 평화적 운동으로 100만명 이상의 民衆이 만세운동에 참여했다.

이러한 결과 배일감정으로 민중의 자각과 여성의 참여와 지위향상이 되고 광산, 토목 노동자 태반을 이룬 노동계는 농민노동자의 참여로 노동단체가 조직되었다. 학생의 요구를 盟休로 나타났다.

나. 5·4運動

제 1차 세계대전 후 처리를 위한 베르사이유 강화회의가 1월에 열렸을 때 中國민중은 윌슨의 14개조 원칙에 커다란 기대를 걸었다. 남북 양정부 합도 대표단은 불평등조약의 철폐와 산동성에서의 독일권일의 반환과 중일협약의 무효를 희망조건으로 5개국(미·영·일·불·이)에 재기하였다. 그러나 日本은 대전기간부터 영·불·이 각국과의 사이에 서로 이권요구를 인정할 것을 밀약하고 있었고, 북경정부와도 산동문제 처리에 관한 교환공문을 주고받아 산동성 이권을 정식으로 승인하고 있었다.

그런데 4월 21일 이탈리아를 제외한 4대국회의는 中國의 요구를 물리치고 日本의 주장을 거의 전면적으로 승인할 것을 결정하였다.

외교패배의 뉴스가 5월 1일 북경에 전해지자 국민 각 계층에 의기감이 확산되었다.

이전에 조선에서 3·1운동이 일어나자 상해의 손문계통의 國民日報가 1919년 3.12~5.6까지 보도와 논평을 20회 이상 게재하여 韓國을 찬양하고 국민을 계몽시키었다.

또 북경 데일리 뉴스도 매일같이 3·1運動 기사를 보도하고 계몽하였다. 每周 評論 13호(3.16) 朝鮮獨立消息 - 思潮也 流到遠東來了. 제목 하에 2.8 獨立宣言書. 3.1獨立宣言書게재하였고 每周 評論 14호(3.23) 朝鮮 獨立運動的 情狀 - 生氣和殺 氣相冲 公理和强權 苦哉 且看那最後 - 天到底是准勝誰敗 세계혁명사상 신기원을 열었다고 격찬하면서 中國民은 무기력과 무지함을 치욕이라고 하였다.

景梅九는 爲韓國近事正告國人에서 3·1運動이 中國民에게도 영광이되고 연대를 강조하였다.

또한 新潮 1권 4호 (1919. 4. 1)는 傅斯年의 朝鮮獨立運動中之新敎訓과 陳兆疇의 朝鮮獨立運動感言을 실었고 傅斯年은 3·1運動은 非武器

로 不可能性 革命인 學生 革命을 교훈으로 삼아 中國학생들과 국민궐기를 호소하였다.

北京大學 學生 救國會의 國民(1919.4.) 3·1運動을 특집 편집 講和會議決定(4.24.)이 北京에 4.30. 도착하자 5.1~3 신문보도와 그 요인이 日·英·佛間의 密約과 中·日間의 교환공문으로 국민이 公理현실의 기대가 위반되자 충격과 분노하였다.

국민잡지사와 신조사의 북경대생들이 주축이 된 평민교육 강연단의 강연을 통한 계몽교육적인 주체로 실시하여 민중들에게 문제의식을 고취시키고 배일운동방식으로 나갔다.

5.1 오후 학생대표 비밀회의 망국위기에 대처수단 모색하였고, 3일 밤 各校 대표참석 全北京學生決起大會開催會議. 국민잡지사, 신조사 北京大 平民教育 講演 團員들로 大會決議를 통해 사회각계와 연합하여 투쟁할 것과 5·4(日)에 天安門에 집합하여 學界大示威를 거행하기로 합의함. 國民外交協會는 中國主張 不貫徹時代表 召還 요구하였다.

北京總商會는 강화조약조인 거부 요구하고 山東省出身國會議員은 賣國 三高官 파면처벌, 大總統 徐世昌 요구하였다. 4일 오후 天安門에 약 3,000여명이 조의 표시 백기들고 매국노 조여림 집을 방화하였다. 북경 소재 학생의 4분의 1로 21개조를 취소하라. 靑島를 반환하라. 賣國奴타도하자.

목이 잘려도 靑島를 잃어버리지 말자고 외쳤으며 학생석방을 위한 罷課를 하고 國貨愛用, 日貨排斥을 救國十人團이 활동하고 전국적으로 罷市가 되고 노동자는 罷工하였다. 6월 3일 대량체포의 뉴스가 전해지자 전국에서 항의의 소리가 쏟아져 나왔다.

상해에서는 이미 동맹휴학에 들어가 있던 학생들까지 가세하여 상점들이 일제히 철시에 들어가고 日本자본의 내외면 방적공장 등 2만 명의 노동자 파업을 위시하여 기계, 조선들 수공업 노동자도 파업에 참가하였다. 항만 노동자는 日本배의 하역작업을 거부하였다. 6월 10일에 교통·통신노동자가 파업에 들어갔다.

북경정부는 마침내 민중의 요구에 굴복하여 매국노로 지목되어 있던 세고관을 파면하고 베르사이유 조약의 조인을 거부하였다. 日本제품 불매운동은 약 1년간에 걸쳐 각지에서 계속되었고 복주에서 재류日本인이 대만인 수십 명을 앞잡이로 배일 선전하는 학생들을 습격하므로 반일시위와 집회가 행하여 불매운동이 또다시 일어났고 민중의 궐기는 봉건적인 지배를 계속하는 지방군벌과 충돌하여 야만적인 탄압을 받아 천진, 제남에서는 유혈참사를 야기했다.

이로써 반제와 함께 반군벌, 민주화의 성격을 띤 운동으로 되어갔다.

3·1運動은 組織的이고 擧國的이며 非暴力示威로 自主獨立運動으로 中高等學生이 주동으로 宗敎界가 참여하여 유혈운동이었다. 5·4運動은 學生中心의 反封建制로 國內的문제인 中國人的 中國運動으로 大學生 주동에 言論에 의한 무혈운동이었다.

4. 影響과 意義

가. 대한민국

3·1運動으로 韓國은 民族魂이 하나가 되어 거국적이고 비폭력적이며 自主獨立운동으로 日本은 총독을 경질하고 무단정치에서 文化的 政治로 변경하고 고전적 식민지 경제정책에서 근대기업정책으로 변경되었다.

국외에는 獨立軍의 무장투쟁과 大韓民國臨時政府가 설립되었으며 言論, 敎育을 통한 民衆 啓蒙運動이 전개되었고, 勞動者, 農民이 사회운동에 대두되는 계기가 되었다.

日本인 문화정책은 조선인을 정신적으로 日本에 종속화하려고 하였다.

3·1운동의 민족 대표자들은 국민의 계몽과 홍보가 필요하여 언론의 창달을 기하려고 하였다. 당시 신문은 기관지인 매일신보(3천부 미만) 진주의 민간지 경남일보(3천부미만)이고 16만 일인을 위한 일문지 경성일보(약 2만부)를 비롯하여 16개였다.

그러나 민족지인 조선일보(1920.3.5) 동아일보(1920.4.1) 시사신문이 창간하여 국내외의 소식과 여론을 대변할 수 있게 되었다. 또한 천도교의 개벽이나 백조 등 각종 잡지를 발행하여 계몽과 의식의 전환에 일익을 하였다.

종교계와 선각자들은 교육의 필요성으로 학교를 설립하여 국민교육에 힘썼다. 우리의 말인 한글을 지키기 위하여 조선어학회가 발족되었고, 실증사학들이 민족문화의 보존을 위한 활동들이 전개되었다.

사회주의가 전파되므로 이를 탄압한다는 목적으로 민족단체인 신간회나 근화회 등을 단속하고 감금시켰다. 항일운동은 계속되어 1926.6.10 순종의 인산일을 기하여 만세운동이 일어났고 광주에서는 日本학생이 조선여학생희롱을 기검으로 학생운동이 일어났으며 日本의 日本어 강요와 차별에 따른 전국 194교에서 맹휴가 일어나 54,000명이 참가하여 퇴학을 582명이나 다하였다.

日本의 기업에 대하여 민족기업육성을 위하여 물산장려운동을 전개하였으며 금연·금주운동을 실시하였다. 日本은 조선을 식민지화하고 식량기지 및 시장으로 확보하고 만주로 진출하기 위하여 부전강 수력 발전소를 건설하여 중공업화하고 식량기지화를 위한 흥남 질소 비료 공장을 만들었다.

조선을 발판으로 한 병참기지가 되자 만주사변을 일으켜 만주에 진출하였고, 중일전쟁을 일으켜 남경에 진출하였다. 제2차 세계대전에 참여하면서는 조선 국민 징용제와 창씨개명을 시키고 내선일체의 사상을 주입하여 황국신민으로써 충성을 맹세하도록 하였다.

그러나 이러한 무력에 의한 행동은 日本의 패망으로 종지부를 짓게 되었다. 이러한 영향으로 다음과 같은 意義를 볼 수 있다.

민족의 자주독립으로 주권회복과 민족의 자각으로 단결하였으며 이것이 역사적 전환기를 마련하였다.

나. 中國

한편 국내가 5·4운동이 끝났으나 소련은 中國에 대한 침략행위를 중지하고 모든 이권을 포기 반환한다고 하자 민중은 크게 환영하였으며 지식계통은 러시아 혁명을 민감하게 받아들이게 되고 러시아혁명과 사회주의 노선을 수용하게 되었다. 모택동이 장사에서 신민학회, 주은래는 천지에서 각오사를 결성하여 계몽활동과 함께 민중운동을 전개하였다.

북경정부는 단기서가 이끄는 안휘파군벌에 의해 장악하였으나 日本 추종외교와 광동정부에 무력정벌로 여론의 지탄을 받아 고립상태에서 미·영을 배경한 조곤 등의 직예파군벌은 봉천파의 장작림과 연합하여 직예파의 근용용 내각이 성립하였으나 양파분열하여 장작림이 북경에 들어와 양사이내각을 세웠다.

차관을 얻고자 친일함으로 직예파 반대하고 여론을 이용하여 양사이를 사직시키고 봉천파와 결전으로 오패부의 직예파가 북경 정부를 독점하고 장작림은 만주로 철수하였다.

손문은 2차 광동정부를 수립하여 민중의 거대한 힘을 인식하여 대중적 정당으로 발전시켜 나갔다. 광동군벌 진형명의 반란으로 상해로 피신하여 공산당원의 협조를 얻어 세 번째 광동으로 가 대원수부를 두었다. 24년 1월 광주에서 국공합작의 국민당 제1회 전국대회가 열렸다.

5·4運動으로 中國은 군벌전제의 정권에 대한 排日運動으로 정권의 교체와 新文化運動이 擴大되었으며 勞動者계급이 정치무대에 등장하고 이로써 共産黨의 성립을 보게 되었다.

이로부터 中國의 革命進路를 제시하게 되었고 3罷의 대중행동방식에 의한 투쟁을 하게 되고 노동자 계급의 共産黨의 路線이 제시되었다. 그리고 女性해방을 가져와 가정과 사회, 경제의 변화로써 中國의 새로운 사회주의시대를 열게 되었다. 5·4운동은 中國사에 있어서 새로운 단계로 의의가 있다고 하겠다. 이 운동은 대규모적인 민중운동으로 추진되었다는 것으로 정치운동이 소수혁명가의 무장봉기나 정객, 군벌의 세력 다툼과는 달리 학생, 상인, 노동자 등이 각기 생활의 터전에서 궐기하여 스스로 조직하고 연합하여 시위, 파업, 불매로 저변으로부터 움직여 구체제에 대한 새로운 의식으로 민중이 단결한 것이었다. 또한 운동과정에서 노동자들이 정치에 참여하여 제국주의, 민족자본, 봉건의 3중의 압박 속에서 3파투쟁의 승리로 자신의 역량을 갖게 되고 다음 시대의 민족통일전선에서 선두에서는 세력의 첫걸을 내딛게 되었다.

이 운동을 통하여 반제국주의, 반봉건주의의 혁명과제가 명확하게 되었고 민족의 독립과 민주주의를 원하는 신민주주의 혁명의 단계로 전개되었다.

5. 맺음말

조선은 日本의 개화를 내걸고 침략하여 식민지화화였으나 위정척사 사상에 의한 의병활동이 계승되고 종교계의 계획에 학생들이 앞장을 서서 만세운동을 하므로 백성들이 호응한 전국적인 민중운동이었다.

바로 변혁은 없었으나 국민의 자각과 대외인식의 변화와 역사의 전환기를 가져오게 되는 계기가 되었다.

5·4운동은 서구의 침략에 봉건적인 체제로써 반제국주의에 대응하지 못하여 태평천국의 난과 의화단의 난리로 국가체제가 무너지게 되어 혁명이 요구되어 혁명에 대한 군벌의 정치가 되어서 군벌에 유리한 매국노의 활동이 정권유지에 이용되었다. 제1차 세계대전이 종결되므로 승전국이었으나 독일의 침략지를 日本에 넘겨주는 약세로 인하여 조선의 3·1운동의 영향을 받은 신문화운동의 여론에 의하여 학생을 주축으로 한 5·4운동이 전개되어 배일사상의 철시가 되고 파업이 행하여져 노동자들이 참여하는 대중운동으로 전개되면 공산당의 출발로 국민당과의 대립 속에서 日本에 대한 국공연합을 거치면서 中國은 변하게 되었다. 제2차 세계대전에 日本의 패배로 외부의 문제가 내부에서 내전으로 전개되어 하나의 통일된 정권을 탄생시키었던 것이다.

3·1運動이나 5·4運動은 韓國이나 中國에 있어서 民衆運動으로 그 영향은 지대하였다.

즉 각국의 정황이 다른데도 그 성격이 排日本이라는 데 공통점은 있으나 정치적 위치는 큰 차이가 있다.

3·1運動은 自主를 위한 준비된 운동으로 革命的인데 5·4運動은 改革을 위한 自体的 精神運動이었다. 韓國은 自主를 요구하였으나 中國은 변화를 필요로 하였다. 3·1運動 영향은 대외적인데 5·4運動은 대내적으로 정체가 변하게 되었다. 3·1運動의 영향을 받은 5·4運動은 소규모의 시위였으나 그 영향은 세대를 바꾸게 되었다.

 주

1) 『3·1운동 50주년 기념 논집』, 동아일보사, 1969.
   『3·1운동』, 민족문화협회, 1982
   『한민족 독립운동사 : 3·1운동』국편, 1988.
   『3·1운동과 민족통일』, 동아일보사, 1989
   김진봉, 『3·1운동사 연구』, 국학자료원, 2000.
   윤병석, 『증보 3·1운동사』, 국학자료원, 2004.
2) 민두기, 「5·4운동의 역사적 성격」,『동양사학연구』4.
   강망희, 『5·4운동』,『강좌中國사Ⅳ』서울대 동양사 연구실, 지식산업사, 1989.
   화강, 『5·4운동사』, 1954.
   팽명, 『5·4운동사』, 인문출판사

崔 己 性

全州 出生
全州 高等學校 卒業
全北大學校 史學科 卒業
檀國大學校 大學院 修了
現 全北大學校 敎授

초판 인쇄일 | 2006년 8월 5일
초판 발행일 | 2006년 8월 10일

저   자 | 최기성
발 행 인 | 김선경
발 행 처 | 도서출판 서경문화사
편   집 | 김현미
표   지 | 김윤희
필   름 | 안문화사
인   쇄 | 한성인쇄
제   책 | 반도제책사
등록번호 | 1−1664호
주   소 | 서울시 종로구 동숭동 199−15 105호
전   화 | 02−743−8203, 8205
팩   스 | 02−743−8210
메   일 | sk8203@chollian.net

ISBN 89−86931−99−0   93910

* 파본은 본사나 구입처에서 교환하여 드립니다.

정가 11,000원